本书得到云南财经大学博士学术基金全额资助出版

U0582721

中国企业年金基金运营协同模型研究

张雪舟 著

Research on Synergy Model of Enterprise Annuity
Fund Operation in China

经济管理出版社
ECONOMY & MANAGEMENT PUBLISHING HOUSE

图书在版编目（CIP）数据

中国企业年金基金运营协同模型研究/张雪舟著 . —北京：经济管理出版社，2022.8
ISBN 978-7-5096-8675-1

I.①中… Ⅱ.①张… Ⅲ.①企业—养老保险—研究—中国 Ⅳ.①F842.67 ②F842.612

中国版本图书馆 CIP 数据核字（2022）第 156368 号

组稿编辑：陆雅丽
责任编辑：杜　菲
责任印制：黄章平
责任校对：王淑卿

出版发行：经济管理出版社
　　　　　（北京市海淀区北蜂窝 8 号中雅大厦 A 座 11 层　100038）
网　　址：www. E-mp. com. cn
电　　话：（010）51915602
印　　刷：北京虎彩文化传播有限公司
经　　销：新华书店
开　　本：720mm×1000mm/16
印　　张：12. 75
字　　数：162 千字
版　　次：2022 年 11 月第 1 版　2022 年 11 月第 1 次印刷
书　　号：ISBN 978-7-5096-8675-1
定　　价：78. 00 元

前　言

企业年金基金在我国只有 20 多年的发展历史，还处于初期发展阶段。其发展关系到养老保险体制改革的顺利进行，而且对国家经济的健康和谐发展具有重要意义。由于企业年金基金在我国的发展时间较短，目前对其进行的研究主要集中在财务、会计、投资、税收和法律等方面，而从投资运营的角度，围绕整个运营过程中的各利益相关方的定量和定性研究还相对较少。因此，从系统的角度出发，运用系统协同的概念，研究企业年金基金在运营中各主体间的收益协同，从而实现企业年金基金的保值增值，确保企业年金基金在投资交易中达到安全性和流动性，最终为企业年金基金获得合理回报和收益，实现可持续发展和共赢目标，具有重要的理论价值和现实意义。本书主要完成了以下五个方面的工作：

第一，明确界定了企业年金和企业年金基金的概念，通过对比分析我国养老保障体系的三大支柱，对其覆盖面、可选择性、风险承担类型等方面进行比较分析，说明了我国企业年金介于基本养老保险和商业养老保险之间，是基本养老保险的有益补充，具有自身独特的优势和特点。通过梳理国内外企业年金的发展历程，发现我国自 2004 年进入了企业年金规范化的市场运作阶段，收集并整理了 15 年内的相关数据，计算和分析企业年金的发展与国内生产总值（GDP）、基本养老保险、就业人数以及企业年金基金收益的总体和各年状况，得出我国企业年金基金正在以年均 158. 15% 的增速快速发展，速度远超国内生产总值（GDP）的增速，但就总量而言，我国企业年金总量仅占国内生产总值（GDP）的 2.21%，占就业人数的 5.87%，远低于世界水平，仍然处于初级发展阶段。因此，将企业年金作为养老保障的第二支柱，我国企业年金的发展还将任重而道远。

第二，从系统的角度出发，结合协同理论对我国企业年金基金的运营系统进行分析，阐述企业年金基金运营协同的产生条件和相关概念，构建我国企业年金基金运营收益协同的理论框架模型。由于收益贯穿运营的全过程，因而可从收益来源、管理费率的范围限制、投资类型和比例、风险准备金设置和企业年金市场的竞争性五个方面对影响其收益协同的要素进行分析。在此基础上，研究我国现阶段的企业年金基金运营的收益协同机理，分析我国企业年金基金运营的动力和特征；结合我国目前的政策和市场现状，研究我国参与企业年金基金运营的主体协同过程和协同方式，得出以部分拆分为主流，全捆绑为未来发展趋势的主体协同方式；结合我国现行法律法规，分析我国确定采用的信托型协同关系的优缺点。

第三，在定性分析的基础上进行定量研究，采用博弈论构建企业年金基金运营的主体协同模型。首先，通过分析企业年金基金运营的主体收益协同过程，基于我国现行的信托型协同关系，具体分析以受托人、托管人和投资管理人为主的博弈过程，建立三方主体间的博弈模型，然后建立监督成本与监督成功概率相关联的函数，对模型进行改进，并进行模型求解。在运营过程分析的基础上，选择和调整不同的参数，形成不同的情景。其次，对每一个情景分析的合理性和发生概率作出评估，通过运用计算机进行模拟运算，产生大量情景分析结果，从而形象并直观地反映变化的结果，由此评价各变量的不同作用以及变量之间的相互关系，验证参数结构，并发现因素发生变化对结果所产生的变化及趋势。为企业年金基金运营的收益协同以及可以完善协同发展的政策措施提供一定的理论基础和依据。

第四，企业年金基金的运营是一个复杂的协同系统，由多个运营主体共同合作，为了达到企业年金基金运行的安全性和收益性两方面的综合要求，要从动态发展的角度，对企业年金基金运营的收益协同进行多目标的复合评价，通过对不同绩效评价方法的对比分析，从协调性和有效性两个维度建立复合模型。通过对企业年金基金运营这一非线性经济系统的分析，建立具有能够体现动态发展变化的协调度模型，评价该运营系统各个子系统之间的协调性，说明其运行的效果；使用具有客观性特点和优势的熵权法来评价企业年金基金运营的有效性，说明其运行的效率。将两者结合起来构建基于协调度和熵权法的复合模型。建立二维的坐标轴，对可能出现的模型结果进行分析和比较，找出优化的改进路径。

第五，结合我国企业年金运营收益协同机理、主体协同的博弈模型和系统协同度模型的分析结果，针对我国现行的企业年金基金运营的收益协同现状，以"开源节流"加配套的理念，从投资管理、协同监督和外部环境的配套措施三个方面，提出适合保障我国企业年金基金运营收益协同的有效措施和建议。

目 录

目　录

第一章　绪论

第一节　研究背景和意义

一、研究背景

"老有所养"是人类长期追求的理想，尤其在我国现阶段从传统社会向现代社会转型过程中，这一愿望要求更为迫切。与发达国家相比，我国当前所面临的人口赡养问题十分突出。主要体现在以下三个方面：一是中国60岁以上老年人口比重增速快，仅用了10年的时间，该比重就从7%增加到了10%，远远快于发达国家所用的50~100年；二是社会经济基础薄弱，我国还处于社会主义初级阶段，人均国民收入还不到美国、日本等国的1/5，而发达国家多是在工业化完成后才进入人口老龄化阶段；三是供养比率低，独生子女一代进入适婚年龄和人口老龄化周期相遇，使供养比达到历史最低点。这些使如何养老成为我国目前社会关注的热点难点问题。

我国过去采取的是单一基本养老保险金作为养老的主要保障方式，其替代率很高，导致了我国基本养老金的压力越来越大，收支缺口日益扩大，企业和国家财政不堪重负，高的养老金替代率已经难以为继。因此，在养老金支付危机到来之前，选择一种有效的养老补充方式，用以降低基本养老保险过高的替代率，是企业、国家和社会所面临的必然选择。我国按照联合国提出的养老三支柱理论，基本建立了多元化的养老社会保障体系，企业年金的建立和发展已经成为我国建设多元化社会养老保障体系中的第二大支柱，具有重要的作用和意义。

企业年金，在我国最早称作"企业补充养老保险"，试点工作开始于1994年。经过6年摸索，到2000年底，国务院将其正式更名为"企业年金"。此后，企业年金在我国获得了快速发展，在2000年时，参与企业年金的企业约有1.6万户，人数达560万；2004年进入规范化的市场运作后，到2005年底，全国参与企业年金的企业数量增加了0.8万个，参与员工数量增加了364万人，基金累计结存为910亿元；截至2020年底，全国已有10.52万户企业建立了企业年金，缴费职工人数为2718万人，基金规模达22497亿元，2006~2020年基金积累额增加了23.72倍，年均增长率达到169.43%，大大高于我国GDP的增长率。另据世界银行预测，到2030年，中国的企业年金发展水平将位于世界前列，积累资金总额将达到1.8万亿美元（Holzmann & Orenstein，2003），按照6.67的汇率计算，约合人民币12万亿元，这将使中国成为全球的第三大企业年金资本市场。

然而，企业年金在我国迅速发展的同时也表现出了诸多问题。第一，企业年金的总量和覆盖面相对较低，截止到2020年底，中国企业年金累计结存22497亿元，约占GDP的2.21%，与我国的经济规模和社会需求极不相称。第二，区域发展极不均衡，这源于我国经济发展水平区域性特征显著，东南沿海地区较为发达，中西部地区相对落后。第三，企业年金基金运营管理不规范，如恶性价格竞争、投资行为过于短期、在投资交易过程中出现各种违规操作、投资者更倾向于冒风险而忽视安全性等问题，往往会造成重大经济损失，严重损害投资人的经济利益和信誉。第四，传统影响因素依然存在，虽然我国在 2004 年以来密集出台了一系列制度安排，但受到我国原有的企业员工退休制度、居民个人储蓄养老的社会历史传统和习惯、企业态度以及国家提供的税收优惠等配套政策的制约与影响，作为企业年金市场需求主体的企业方缺少有效的激励机制。因此，我国有必要开始冷静思考其背后的成本和收益，完善我国的养老保障体系，协调各个主体之间的利益和相互协作，激励它们各自履行自己的职责，减少违规操作，有效地管理和控制风险，让各个参与主体都能在运营过程中获得收益，并且使企业年金基金能够持续性地运营，在运营链上不发生断裂，实现企业年金基金的保值增值，并提高其运营的管理质量。

此外，近年来国际金融动荡也给我国敲响了警钟，由希腊开始并向整个欧洲蔓延的主权债务危机给欧元区和全球金融市场造成了巨大的冲击。后据多数专家分析认为，养老金福利制度不合理是引发债务危机的一个主要诱因。

综上所述，人口老龄化和社会养老问题构成了影响我国经济持续快速发展的重要因素。虽然建立了企业年金作为基本养老基金的补充，但基金在有效管理、合理运营方面还亟待完善；如何协调好各方关系，确定合理的收益协同分配原则，约束人员行为，激励各参与主体更加努力地做出合理的投资行为等还有待不断深入研究。

二、研究目的

企业年金基金运营的目标是实现基金的保值和增值，最终达到使受益人在退休后能够有良好的生活保障。影响这一目标实现的，不是仅在投资的环节，而是企业年金基金运营相关的所有环节，也就是运营的全过程，其中任何一个环节出现问题都将导致企业年金基金的损失，甚至造成运行链条的断裂。而对参与企业年金基金运营的每一个主体而言，它们的每个行为都会对基金运营的收益产生影响，各主体的收益是它们最为关心的核心要素。收益是将所有参与运营的主体以一定的方式集结在一起，影响其努力程度和工作绩效的本质要素。因此，从全局的角度出发，用系统的观点并结合协同理论，研究企业年金基金运营全过程中的所有参与主体间的收益协同，进而实现提高整体的运营收益和运营管理质量的目标是有必要的。本书的研究目的主要包括以下三个方面：

第一，在进行方案科学设计及概念界定的基础上，结合协同理论提出收益协同理论的框架模型。对企业年金基金运营过程进行分析，明确企业年金基金的运营协同过程，关注影响主体行为的收益问题，以此分析企业年金基金参与主体的收益协同机理。

第二，通过对企业年金基金运营过程的系统分析，构建企业年金基金运营的多主体和多目标的收益协同模型，科学客观地制定企业年金基金运营主体收益优化的改进方式和路径。

第三，通过研究在企业年金基金保值和增值的双重要求下实现企业年金市场的良性竞争状态，为企业年金基金的协同运营以及各个参与主体实现多赢局面提供政策建议。

三、研究意义

我国企业年金的发展还处于初级阶段，在实际实施中存在主体缺位、管理费率恶性竞争、投资人采取过度投机行为等问题。为了使企业年金基金受益人的合法权益能得到有效的维护，实现企业年金基金的可持续发展和多主体的共赢目标，对其收益协同进行研究是具有重要的理论价值和现实意义的。

1. 理论价值

（1）探索企业年金基金投资运营新的理论。本书的收益协同理论是基于现代企业管理制度下的职工养老保障问题而提出的，以年金基金运营为对象，获得基金收益为目的，解决职工退休养老的收入来源问题。内容涉及金融学、应用管理学、现代经济学、契约理论和委托代理理论等多个学科领域，通过理论的融合汇通、交叉提炼，最终从不同的角度去分析和解决实际问题，以求为企业年金基金的保值增值及投资运营积累提供理论参考和借鉴。

（2）构建运营的协同优化模型及多主体博弈优化模型，提出企业年金基金运营收益协同的定量方法。企业年金基金收益协同是一个动态、多元、连续、相关的复杂系统问题，既要兼顾近期、远期的收益均衡问题，从而表现出纵向的动态性和连续性特征，又要照顾到投资主体和利益相关人之间的不同要求和目的，因而体现出横向的多元性和相关性特征。本书以此为基础，综合运用系统论、博弈论和信息经济学理论构建了投资运营协同优化模型和多主体博弈优化模型，从定量方面为企业年金基金运营提供实证的方法依据。

（3）通过灵敏性分析发现投资运营主体的协同影响关系。首先用公式进行推导，然后结合情景分析法应用计算机进行模拟，分析说明各因素在实际中的影响状况，使得对企业年金基金运营收益协同过程进行的研究更加科学合理。

由于运营的全过程涉及的主体数量较多，其结构和关系错综复杂。对于多主体间的优化模型则采用多方博弈优化模型，并结合其在现实中的具体情况，进行实例的定量模拟分析，对不同的情景结果模拟测算。另外，考虑到企业年金基金运营的收益是一个协同的发展过程，是动态变化的，具有自组织的特点，参与运营的多个主体之间需要密切的配合和协作，才能实现整个系统的协同与优化，保证企业年金基金投资运营的保值和增值。因此要从效率和效果两个方面对其发展进行评价，将熵权方法和系统协同度方法结合在一起，构建复合优化模型，对其结果从两个维度进行分析和评价，使其更符合实际情况。

2. 现实意义

（1）促进资本市场的良性发展。我国企业年金属于固定缴费的类型，由受益人承担风险，因此企业以保值增值为主要目标，在保值的前提下进入资本市场进行投资运作是其必然的选择。对企业年金基金投资运营的研究能减少和控制风险，约束投资主体的投机行为，使我国的企业年金基金市场能够得到持续和稳定的发展。

（2）协调投资运营中各方关系并激励主体投资行为。合理确定收益的协同将会对人员的行为更具有约束力，能激励参与主体更加努力、做出更为合理的投资行为，使基金获得更高的收益，实现企业年金基金的持续发展，达到共赢的目标。

（3）避免企业年金基金恶性价格竞争。恶性价格竞争不仅影响金融机构的收益，更影响基金市场的有序运行。研究将对企业年金基金在投资交易中达到安全性和流动性目标具有重要的现实意义。

（4）完善社会主义市场经济下的社会保障体系。由于我国企业年金的发展还处于初级阶段，与发达国家相比具有巨大的差距，结合各国在政策上的比较研究，借鉴国外经验，规避金融风险，既能满足保值和增值的双重要求，又可达到投资交易各方都受益的多赢局面。

第二节　国内外研究综述

一、国外研究现状

企业年金制度的起源可追溯到 19 世纪中期的西方社会企业退休金制度或退休给付制度，远早于公共养老金计划的建立。由于国外发展企业年金的时间已经有 200 多年，现有的金融监管、投资策略、风险管理、年金产品都较为完善，参与者分工明确。其研究主要都是对单个投资运营主体进行的。

1. 在制度方面的研究

Owen（1978）发表的研究体现了公共利益的观点，他认为企业年金是由公共需要产生的，企业年金作为一种投资方式可以有效地减弱市场风险。Feldstein 被称为供应学派的经济学之父，在其与 Feldstei 和 Seligman（1981）合作发表的关于国民储蓄和投资的研究中，认为国民储蓄在经济合作与发展组织（OECD）国家中和国内投资相关，最终影响年金。20 世纪 80 年代，世界各国开始重新审视本国的传统养老保障制度，并反思其所带来的严重财政负担等社会和经济问题。马歇尔·卡特主要针对美国的养老社会保险制度进行分析，提出了解决当时制度下的养老问题的企业年金方案；铃木宏昌对欧洲的社会保障进行了对比性研究，并界定了公共社会保障和私有社会保障（仲艳平，2003）。

2. 在税收优惠政策方面的研究

国外学者认为，在税收方面，关于国家财政损失的测量是不可能做到非常准确的，因为企业年金的期限较长，在这个过程中不确定因素很多且复杂。例如，Tepper（1981）指出影响财政损失测量准确性的因素有通胀率、工资增长率、死亡率。由于发达国家企业年金的发展较早，也较早地开展税收与企业年金关系的研究，学者普遍认为企业年金在"二战"后能够存在并获得迅速发展的重要原因是优惠的税收政策。例如，Lazear（1986，1996，2003）提出了效率因子模型，认为只要保持工资的不断增长就能够提高员工的工作效率。Surrey（1973）最早提出税收优惠政策的成本问题，即税收支出，他认为税收优惠政策会减少政府的当期财政收入，减少的数量就是"税收支出"，这是税收优惠政策的成本体现，但其在实际计算方面的分析还不够深入。Dilnot 和 Johnson（1993）也持有同样的看法，只不过他们把减少的税收收入称为"税收的隐形支出"。Knox（1990）针对税收优惠政策下的税收支出测算，在跨期问题上，认为在实际计算中仅考虑雇员在工作期间的税收是不合适的，计算税收支出的时间段必须开始于雇员缴纳第一笔费用，一直到雇员死亡领取的最后一笔养老金时。Reinhardt 和 Clark（1997）通过迭代模型分析"跨期"对美国税收支出的影响，研究得出美国政府高估了本国企业年金税收支出的结论。

在基准税制确定方面，由于各国的基准税制不一样，Dilnot 和 Johnson（1993）认为由于雇员往往会选择对自己最为有利的养老基金积累方式，因此在没有税收优惠政策时，雇员所选择的养老方式和缴纳的税收数量才应该作为基准税制下的税收，如果仅仅是直接把银行储蓄利息税当作基准税制下的税收，实际结果很有可能会被高估。Allen 等（2013）对美国私人退休金的计划类型、享有税收优惠的资格条件以及资金筹集等内容进行了全面介绍。

3. 在风险类型与测度方面的研究

Mitchell 和 Andrews（1981）认为在多雇主企业年金计划（Multi－

Employer Pension Plans，MEPPs）中，应主要关注的风险内容是金融风险、操作风险、风险映射（Risk Mapping）以及利益冲突。Logue 和 Rader（1998，2001）将企业年金计划分为强制型、自愿型和集体谈判决定三种类型。Jones（2007）研究了企业年金的制度设计和风险管理。对确定收益型企业年金计划来说，投资风险是最为重要的，而对于确定缴费型企业年金计划来说，从员工的角度将其作为风险管理的范式也就足够了。Macavoy 和 Millstein（1999）认为，有效的公司治理对公司的发展方向及其业绩表现起到决定性的作用，它包括要求经理层做出决策并承担风险等。Hart 和 Moore（1990）认为，委托基金投资决策问题不仅要考虑企业年金的预期回报和风险，而且要考虑相关委托代理成本，各个管理人之间都有可能产生委托代理问题。Lachance 和 Mitchell（2002）研究认为，缴费确定型（Defined Contribution）资产计划会带来道德风险，这会使职工为获取高额的收益而忽视了风险，转而采用较为单一的资产组合方案。在道德风险方面的研究，Feldstein 和 Ranguelova（2002）、Pennacchi（1998）提出的解决方法是采用市场指数来衡量职工的缴费确定型计划资产，并将其独立于职工的投资策略。

4. 在投资绩效和风险规避方面的研究

在投资策略和绩效评价方面，国外主要是借助共同基金的绩效评价，并且已经形成了比较成熟的评价方法体系。例如，Muralidhar（2001）对绩效归属与按风险调整的绩效做了分析，从宏观和养老金计划的总体层次看，基于决策的绩效归属更能够揭示养老计划投资官员选择资产品种、选拔投资管理人或管理人设定的决策在取得绩效方面的作用。Fisher（1980）提出了再保险套利策略（PBGC Effect），Irwin（1981）对股息税率与债券税率进行比较，提出获取经济租金的观点。

在风险规避方面，Brunner 和 Pech（2005）对企业年金持有人的逆向选择问题进行深入研究，提出了有效边界问题，并根据不同的年金持有者的生命周期，从而采取不同的投资策略。Brunner 和 Pech（2006）对逆向选择问题进行深入研究，并通过模拟仿真方法得出了一个量化的结果。Pelsser（2003）提出了保本年金的概念，他将保本年金看成一个看跌期权，用期权复制方法计算保本年金期权的价值。Biffis（2003）、Chu 和 Kwok（2007）、Wong 和 Kwok（2003）、Dai 等（2004）用模拟仿真方法推导年金内置期权的价格，提出对冲保值的方法，分析得出期权的价格、年金期权的转换率和远期利率高度相关。Aase 和 Persson（1994）、Boyle 和 Hardy（1997）、Bacinello 和 Persson（2002）等主要运用无套利价格理论研究计算保本年金购买期权的价值。Ballotta 和 Haberman（2003，2006）运用利率期限结构模型结合 Black-Scholes 公式构建了一个新的理论模型，并特别研究了在随机死亡率的环境下保本年金内置期权的真实价格问题。

5. 在监管方面的研究

在监管方面的研究，最为清晰和完整的监管理论就是 Sitgler（1971）提出的经济管制论，他认为需求和供给是产生监管的来源，并用这种关系推导出了监管偏向于被监管者的结论。Davis（1995）研究发现，在投资有限制的情况下，虽然该限制不能完全地解释投资回报率差异，但谨慎人环境中养老基金的实际投资回报率高于更严格的限制环境中的回报率，这主要是由于在资产组合中股票占有较大的份额。Arthur（1995）研究认为，市场作为看不见的手，能够自动地调节养老基金在市场上的活动，促进市场的有效运行，使投资人通过市场分析自动地调整并做出适当的决策，而当政府的干预过多时，则会影响基金管理者独立地做出投资决策。Spiering（1990）认为，政府监管主要是对市场过程的不适合或低效率采取的反应，可以将监管看作是一种挽救行为。

二、国内研究现状

我国企业年金的发展起步较晚，在 20 世纪 90 年代才开始建立企业年金，对该领域的研究是从这一时期才开始的，随着其进程的发展，对企业年金基金的研究侧重点随之发生了变化。

1. 在制度方面的研究

我国于 1994 年将"补充养老保险"这一概念正式用法律的形式确定下来，这一时期的研究主要是围绕补充养老保险开展的。黄素庵（1985）、赵立人（1992）、朱传一（1986，1991）等对国外的社会保障制度进行了介绍和比较，其中就有企业补充养老保险方面的内容。

2000 年企业年金正式更名，我国开始与国际接轨。学者在这个阶段的研究主要集中在企业年金制度方面，如林羿（2002，2003）对美国的私有退休金的制度、管理、法规等进行了系统的研究，并对其未来的发展趋势进行了讨论。崔少敏（2003）对我国企业养老保险的发展趋势在模型的支持下进行了预测。邓大松和刘昌平（2004）比较全面地研究了中国企业年金的发展历程。王贞琼（2004）对企业年金在发展动因和制度环境等方面与国外进行比较，从中受到启发提出了创造配套环境、扩大覆盖面、与公务员职业年金共同发展等方面的建议。林毓铭（2003）以美国和日本等工业化国家为分析对象，从企业年金的建设框架、技术设计以及基金运营等方面提出适合我国企业年金方法的建议。吕江林等（2008）以我国企业年金的发展现状为着手点，分析制约我国发展企业年金制度的因素，在借鉴国外经验的基础上，提出了一系列发展和完善我国企业年金制度的政策建议。韩林芝（2007）从人力资源的角度分析我国企业年金在实施中存在的问题，认为企业年金可以从人力资源的布局、员工职业规划和绩效等方面开展建设，在强化国家监督机构的同时，应充分发挥第三方中介的作用，以有效地保护员工的利益。

2. 在税收方面的研究

在税收优惠政策和税制设计方面，朱清（2002，2003）认为税收优惠是我国政府实施的发展企业年金的一项重要的经济激励措施；并比较分析了国外企业年金计划的税制概况和公共养老金计划，在吸取西方国家的实践和经验的基础上，提出我国税制设计的 4 个基本原则，即要有利于鼓励企业举办养老金计划、保持税制的一致性、考虑财政的承受能力和避免造成税收漏洞。李旭红等（2004）从公平的角度分析我国企业年金税收优惠中存在的问题，认为企业年金税收优惠政策所要达到的内在目标是公平收入的分配，在借鉴国外税收优惠政策成功经验的基础上，提出应以统一税法为前提制定优惠、平等、禁止优惠高薪雇员以及与基本养老金制度协调发展的建议。邓大松和吴小武（2006）认为阻碍企业年金市场发展的制度因素之一是税收优惠问题，该问题已变得越来越重要，并提出应从税收政策目标入手确定我国企业年金税收政策目标，对税收政策手段的选择路径优化等若干建议。杜建华（2005，2010）认为在我国的税制设计中既要保证国民储蓄的合理增长，又要兼顾公平；单一的企业年金税收优惠税率无法兼顾效率与公平，无法使所得税优惠政策起到相应的激励作用；在完善税收体系时既要保持效率性，也要兼顾对高薪雇员的适当优惠和公平，并提出了约束条件。张勇（2006）、朱铭来和陈佳（2007）、郭席四（2005）、李雪霜和张上书（2007）等对我国企业年金税收制度进行研究，在结合中国现状的基础上，比较分析不同类型的税收优惠模式选择（金华等，2010；王雅萱，2011）和政策建议（杨胜利，2008）。

在税收的定量研究方面，张勇和王美今（2004）从精算统计的角度和不确定性出发，结合企业年金税收支出的两个主要问题，即"跨期"特性和基准税收的选择，构建我国企业年金的税收优惠政策的税收成本支出模型；并将死亡率分布加入模型进行实证分析，结论为税收优惠政策的力度若是超过一定的限度会增加税收支出，从而导致税收优惠政策的低效率。张勇（2010）运用终生收入法建立我国基础养老金的精算模型，分析了再分配效应与支付能力之间的内在关系，以国家统计局城市社会调查总队为调查对象进行了实证分析，研究结果表明，对于工资收入越低者，基础养老金的再分配效应就越大，反之亦然，但是在增量上，高收入者再分配效应高于低收入者。游桂云等（2011）和张蕾（2011）从微观的角度，认为在企业年金税收优惠政策的实施中会产生一定的经济成本，运用精算理论建立了 7 种不同税惠模式下的经济成本精算模型，并选取一家中小企业进行实证测算，提出了中国制定企业年金税收优惠政策建议。谌明超等（2009）分析了死亡率、工资增长率、通货膨胀率等因素，设计出税收优惠政策的精算模型，并用聚类分析、回归分析的方法对不同地区经济差异进行模型的修正和调整，根据现实数据分析得出企业年金的优惠税率应由现有的 4% 提高到 9.9% ~ 14.0%。吴忠等（2011）从企业年金的缴费率切入，运用精算原理建立企业年金基金平衡模型，结合运用成本收益理论的结果显示，企业年金税收优惠政策能够以较小的成本取得企业年金较大的发展，还能较大程度地提高整个社会福利水平。

3. 在委托代理方面的研究

2004 年出台的《企业年金试行办法》及之后相继出台的 3 个法规，对我国企业年金运行的过程进行了规范和要求，从这一时间开始，国内学者对企业年金的研究主要围绕在委托代理方面。结合我国养老保障建设和实施的现状，原劳动保障部社会保险研究所与博时基金管理有限公司出版了《中国企业年金制度与管理规范》，书中主要在宏观方面对企业年金基金进行研究，关注的问题是企业年金的制度与规范化运营，不足之处在于缺乏从微观层面上对单个计划的具体分析，且未涉及对投资过程中的决策和执行的风险分析。

李天成（2005）认为，委托代理是企业年金在运营中所体现的主要风险之一，企业年金在运营中所涉及的当事人数量多、关系复杂，解决委托代理问题是保护企业年金委托人及其受益人利益刻不容缓的工作，进而实现养老保障根本目的。巴曙松和陈华良（2009）针对我国企业年金市场发展的初期特殊情况，提出了构建风险导向监管的建议。林义等（2006）、陈华良（2005）认为企业年金市场获得快速发展的必要条件是加强投资人利益保护，应建立补偿基金制度作为企业年金安全的最后防线。杨义灿（2006）认为企业年金体现出了多层和复杂的委托代理关系，分析比较其在投资管理中的不同委托代理模式，可用企业年金的委托代理理论模型进行研究。吴庆田（2010）将企业年金基金投资管理人在基金投资运营管理中的收益性、风险性和流动性三个方面的协调工作归结为保值和增值两个主要任务，构建企业年金基金投资管理人多任务委托代理模型，通过对模型求解，将企业年金基金的投资管理人作为对象，从基金财产的保值和增值两个维度探讨其具有相对独立性和相互替代下的激励优化问题。这些与委托代理相关的研究大多属于定性研究，而定量研究相对较少。

4. 在投资组合与绩效方面的研究

2004 年出台的《企业年金基金管理试行办法》以及之后出台的相应参与主体资格的确认，标志着我国的企业年金开始进入规范化的市场运作。文件规定了我国企业年金各个参与主体所必须具备的资格、应当承担的主要职责以及对资产的投资内容和类型的限制等。国内现已开展的关于投资组合与绩效方面的研究，都是基于这段时间出台的相关规定进行的分析和测算。由于对企业年金投资业绩数据的缺乏，在这方面与国外还有一定的差距。

　　李珍和刘子兰（2001）认为，养老保险制度可持续发展应当实行多元化投资。田昆（2003）根据封闭基金的历史业绩，分析并计算得出委托代理成本和绩效管理费用上限。柳清瑞（2005）研究养老基金投资组合时利用了风险最优模型，通过与其他国家相比（日本除外），认为在投资时，应当谨慎投资具有高风险又有高收益的股票。李红刚和刘子兰（2005）通过对投资效率进行模拟实证分析，针对委托费用率对企业年金基金委托投资绩效与企业年金目标替代率的影响进行深入的分析，提出了"补亏"的惩罚措施可用于甄别低能力的投资管理人，并估算了委托人的目标替代率。黄文清（2004）研究了用企业年金基金投资的收益率扣除所有管理费用后所剩余的最终收益，也就是受益人所获得的收益，分析了制度成本与银行储蓄、国债利率等无风险且收益稳定的关系，认为若无相应的财税政策，由于承担风险大和最终受益的原因，年金受益人和企业很可能最终不选择市场化运营，或者放弃建立企业年金制度。李曜（2006，2007）设计了考虑企业经营活动现金回报率后的年金组合理论模型。周光霞（2009）认为，企业年金作为职工的"养命钱"，由于投资回报率并不一定能带来企业年金高的偿付能力，因此仅要求高的投资回报率是不够的。通过建立最优投资组合的方式，在企业年金投资绩效评价中使用资产负债匹配管理，结合投资回报率分析最终确定了企业年金投资绩效评价指标。李晶（2009）从资本资产定价模型入手，运用基于贝叶斯理论的 Black-Litterman 模型并结合我国的实际数据，计算出一个较符合实际的资产配置方案。贡峻和陈磊（2010）运用平衡计分卡于企业年金的绩效评价实践中，从四个维度的逻辑关系和作用机制分析企业年金绩效评价体系，并构建企业年金绩效评估体系基本框架。吕惠娟等（2013）将我国企业年金和美国 401K 计划的市场化管理进行了比较和分析，提出了改革和完善我国养老基金的管理和投资的相应政策建议。张勇（2007）、张勇和陈耕云（2008）从偏重基础养老金的激励效应分析出发，研究企业年金财务的可持续性问题；通过运用精算理论构建了可用于衡量财务可持续程度的支付能力精算模型和个人账户支付能力计算方法。郭席四和陈伟诚（2005）从个人账户出发，认为个人账户的资金具有私人性质，政府对其运作不负有直接的责任，只承担监管的责任，对企业年金基金的投资仍要进行限制，但必须逐渐放宽；另外，考虑到风险和收益的关系，个人账户基金投资要依我国实际情况选择好的资产类型并实行优化配置。

5. 在风险方面的研究

企业年金的风险研究主要包括风险管理和风险度量两个方面。在风险管理方面，章伟和何勇（2006）提出了企业年金在投资中的风险管理框架，通过深入分析其中所面临的各种风险因素，探讨了企业年金投资的风险管理方法并提出绩效评估体系。韩永江（2006）指出在投资运营过程中会面临各种风险，并将其分为系统风险和非系统风险，认为可以通过加强管理和组合投资来规避非系统性风险，而且有利于投资绩效的准确评估。游桂云（2004）分析了我国养老保险制度中逆向选择的产生原因，认为信息不对称、交易有偿性和交易射幸性是产生逆向选择的重要原因，并提出了防范逆向选择的思路与必要措施。吴虹颖和罗志艳（2007）从企业年金基金会计主体和会计报表的特殊性入手，在人力资源管理的视角下，以企业年金基金的增值能力、偿债能力和发展能力为主构建了财务指标体系。这些关于企业年金风险管理的研究大多属于定性研究。

在风险度量方面，王英霞（2011）从企业角度分析和识别了企业年金投资过程中所产生的风险，以 GARCH 模型并结合均值—方差建立风险度量模型，并以淮北矿业的企业年金进行实证分析，计算出在股票、基金、债券之间不同权重的投资组合所具有的不同风险与收益，应根据需要选取合适的投资组合和风险防范。陈诚和韩晓峰（2011）从宏观层面对我国企业年金投资所面临的风险、所处的金融市场环境以及国家的政策环境进行分析，运用均值 VaR 模型，以真实的证券交易市场收集的样本数据进行测算和分析，得到了最优投资组合，并提出相应的风险管理和投资建议。庄新田等（2009）构建基于均值—CVaR 模型的资产配置模型，根据 2004 年的试行办法，在不同企业年金替代率下计算企业年金基金投资的四类投资工具的最优资产配置比例和相应的风险度量指标——年收益率的 CVaR 值，并假设资产回报率服从正态分布，对最优资产配置比例变化进行分析。高铭阳（2012）运用 CDaR模型并根据我国 2011 年施行的《企业年金基金管理办法》，建立了有投资约束条件下的企业年金资产配置模型，利用 Matlab 软件模拟的收益率序列进行实证分析，并将结果与风险度量的 CVaR 模型进行比较，结果表明 CDaR 模型是较优的。郭辰等（2013）运用均值—CVaR 构建资产配置模型，根据对货币市场工具、银行定期存款、债券以及股票等的投资限制的分析，将一定的工资替代率作为目标，得到最优投资组合。这些关于企业年金风险度量方面的研究大多属于定量模型研究。

6. 在运作方面的研究

我国学者对于企业年金在运作方面的研究主要针对运作现状和运作模式展开。刘钧（2002）、刘钧和齐伟（2003）分析了各国的社会保障体制，借鉴美国社会保障制度改革的成功经验，认为我国企业年金运作应该由商业保险承担起发展补充保险的重任。张传良（2007，2008）认为，在企业年金运作中存在着法律缺位、税收政策不统一、定位模糊、具体操作不规范以及监管效率低等问题，应改善运作环境、完善运作机制和构筑多层次动态化的监管体系等。班俊华和陈媛（2010）从法律的角度认为，我国企业年金投资的外部法律机制是不完善的，结合投资的主要形式和账户管理的风险，作者认为在投资过程中存在法律问题和法律缺失，并对此提出了相应的对策。马晓佳（2010）从投资的过程入手对企业年金投资制约因素和问题进行分析，提出了适合现阶段我国年金投资管理的对策和建议。李坤（2013）、刘钧（2005）等通过分析我国年金的运作现状，找出存在的问题，并提出相应的解决对策。

关于企业年金运作模式的研究，陈春艳和黄顺祥（2005）比较和分析了国内外的企业年金发展状况及特点，从运作模式上进行分析比较，借鉴发达国家的经验，提出针对我国的建议和意见。蔡永刚（2008）对比分析发达国家所采取的信托型企业年金模式，认为年金资产的发展与国家的金融、经济结构以及年金制度密切相关，认为我国应借鉴西方国家的成功经验，使年金与资产能够共存共荣。佚名（2009）分析比较了企业年金的单一运作和集合运作两种模式，认为集合运作模式在规模优势、受托人核心地位以及投资效率等方面更具优势，并指出对这两种模式存在的两个错误认识，在借鉴国外经验的基础上，提出了相应的措施。陈玲（2012）从管理成本的角度、万琼（2009）从绩效的角度通过分析对比各种企业年金的运作模式，从而选择适合我国的发展模式。

7. 在法律方面的研究

我国法律明确了企业年金基金以信托的方式进行运作，因此学者对企业年金的法律研究围绕着信托关系展开。严明婕（2008）根据《中华人民共和国信托法》及2004年的试行办法，分析了受托人的权利和义务规范，认为权责是不平衡的，针对在权利行使和义务履行中存在的问题，提出了鼓励和监督并重的原则，应强化有关部门和机构的监督和管理。黄文静（2009）分析企业年金中包含的两层法律关系，即信托法律关系和委托代理法律关系，分析受托人在信托事务中所具有的执行者和委托代理关系的创设者的双重身份，对企业年金的信托限制，受托人的权利、义务进行分析，结合实际情况中暴露的法律缺失和问题，提出应如何完善的设想。吴静（2008）以我国的信托投资公司为对象，对其在企业年金运作的优势和未来发展的前景进行分析，基于信托关系的特性，提出信托公司企业年金业务未来发展建议。此外，黄诚和王殿斌（2007）、张欣（2004）和张学锋（2008）等从信托制度的特点出发，结合我国企业年金运行的现状，分析企业年金在管理中的信托特征、存在的问题和难点以及相关主体的法律地位和职权，并提出相关的政策建议。

三、研究现状评述

发达国家企业年金发展已有 200 多年的历史，它们对企业年金在制度方面的研究已经较为成熟，大量研究主要集中在税收、投资和风险等方面。在税收方面，主要研究的是企业年金的税制与国家财政之间的关系，包括跨期和基准税制。在监管方面，各国的监管原则和金融市场规范性上有很大的差异，使不同学者在该领域的研究具有很大的不同。在投资和风险方面，由于发达国家的资本市场较为成熟，因此近年来学者注重研究养老金投资于金融衍生品的问题，如投资策略与组合、风险规避、投资绩效等领域，涉及研究对象主要是投资管理人和委托人。在运营方面，国外企业年金的运营过程和国内有很大的不同，涉及的参与主体数量也不同，从功能结构上看，国外的研究对象具体明确，研究领域更为细分，关注的重点是运营过程中局部的优化问题。

国内在年金制度和税收优惠方面的研究主要是从宏观角度进行的；而税制方面的研究对象主要是在企业年金运营主体中涉及的委托人；在委托代理关系的研究中，涉及的研究对象大多是两个主体间的契约关系、交易成本和风险，以定性研究为主，定量研究较少；在投资策略和风险方面的研究中，研究对象主要是针对投资管理人这一单一主体，对其投资类型和内容进行资产配置、风险规避和投资效率进行定量研究；在法律方面，主要是对年金运营中的信托关系进行研究，以受托人为对象进行的定性分析为主；在运作方面，主要是对现状和运作模式的选择进行的研究，大多是定性研究。综合以上分析，可以发现对企业年金的研究对象大多都是单个的主体，而将所有参与主体都联系在一起的研究还很少；主体管理费率是与企业年金的收益分配息息相关的，但我国在管理费率这一领域上的研究还很少，只有少数学者做了与管理费率有关的研究。在定量的实证分析和测算以及定性分析的运行状况上，大多数的研究都是根据 2004 年的现已废止的试行办法进行的。由于我国的企业年金是在不断发展的，2011 年 5 月 1 日实施的《企业年金基金管理办法》中关于主体的责任与权利、主体管理费率以及投资内容和比例都进行了很大程度的修改，因此国内的研究根据新的法规而发生了变化。

从国内外研究现状可见研究不足之处：①对于基金运营参与者的收益协同问题的研究还处于空白；②从全局的角度围绕整个投资交易过程中的各利益相关方的利益协同问题的研究，定性和定量方面的研究都很少；③新的管理办法中对投资比例、参与主体资格和行为、交易费用等都做出了重要的规定，需要对一些原有的研究进行修正。

本书基于新的管理办法从我国的实际情况出发，借鉴国外经验，采用定量和定性相结合的方法对企业年金基金投资运营主体间的收益协同进行研究，并对模型进行模拟分析，将结果进行比较分析，提出有效的政策和建议，这对企业年金基金研究与实践具有重要的理论价值与现实意义。

第三节　研究内容和技术路线

一、研究方法

本书以综合集成方法为指导，采取文献研究、定性研究和定量研究相结合、规范研究和实证研究相结合、比较分析和案例分析相结合的研究方法，对企业年金基金投资运营过程中的各利益相关方的收益协同进行系统深入的分析和探讨。

1. 文献查阅，信息收集

多渠道、多层次拓展企业年金投资运营过程中的各利益相关方的收益协同方法，一方面通过广泛的文献查阅，了解企业年金基金在国内外的已有研究成果；另一方面由于企业年金基金在国内发展时间较短，现有的企业年金基金管理规范条件下相关配套政策不完善，以及投资对象有约束等具体情况，需要对已有的协同方法进行整理、筛选，并对其应用特点和属性进行分析，选出适用于企业年金基金运营收益协同的方法。

2. 比较研究

与国外尤其是欧洲福利制度比较完善的国家相比，企业年金在我国的发展时间只有 20 多年，还处于初级发展阶段。面对我国越来越严重的老龄化问题，向国外学习和借鉴成功经验是迫切需要的也是必然的。本书从环境、相关的法律法规、行业规范、投资类型等方面进行分析，为我国企业年金基金在人员管理和收益协同方面提供经验和方法借鉴。

3. 采用理论集成、构建收益协同模型及灵敏性分析相结合的研究方式

在理论集成方面，对企业年金基金管理中的各利益相关方进行合理界定，运用管理学、现代经济学、契约理论和委托代理理论从不同角度对企业年金基金中的各利益相关方进行深入研究。结合数量模型构建优化的收益协同模型，如多方博弈模型、协同度模型等。在对影响因素进行灵敏性分析时，采用公式推导方法，在不便于进行公式推导时对参数进行经验值设定，运用情景分析中的定量模拟的方法进行分析。

二、研究内容

本书是探讨我国企业年金投资运营过程中各参与主体间的协同机制及协同度问题，围绕整个投资运营过程中的各利益相关方开展研究。主要研究内容如下：

第一章为绪论。主要对研究背景、研究目的、研究意义、国内外研究现状、文章内容、总体方法及技术路线进行阐述。

第二章为我国企业年金基金发展现状研究。系统梳理企业年金基金的历史发展脉络，揭示其历史发展规律，为我国企业年金基金的运营发展提供理论和实践基础。另外，收集我国自 2006~2020 年的相关数据，从总体规模和相对比例、收益状况等方面说明我国企业年金基金发展所处的初级阶段、我国企业年金基金发展中现存的问题和不足，为我国企业年金基金的未来发展和其余章节论述打下基础。

第三章为企业年金基金运营的收益协同机理研究。结合协同理论和协同学分析我国企业年金基金运营主体价值链上所结成的关系、协作和配合，不

同的子系统和主体间有序的结合成为协同系统，并定义相关概念。在对主要因素进行影响分析的基础上，研究我国企业年金基金运营的收益协同机理，包括产生该收益协同系统的驱动力与特性，我国企业年金基金现阶段所呈现的运作模式与所确定的法律关系等，搭建企业年金基金投资运营机制理论框架，为下一章节的定量分析研究奠定理论基础。

第四章为企业年金基金运营主体协同模型研究。通过博弈论方法，分析主体间在现阶段信息不对称情况下的博弈行为，构建主体协同模型，求最优解。通过理论推导方法，研究不同影响因素的灵敏性。结合情景分析方法，运用计算机进行模拟运算，产生大量情景分析结果，从而形象并直观地反映变化的结果。由此评价各变量的不同作用以及变量之间的相互关系，并发现因素发生变化对未来结果产生的变化及其趋势。为企业年金基金运营的收益协同以及可以完善协同发展的政策措施提供一定的理论基础和依据。

第五章为企业年金基金运营收益协同复合模型研究。使用具有动态性和结构性的系统协同度方法评价我国企业年金基金运营的效果，分析该运营系统各子系统之间的协调性；运用熵权方法对企业年金基金运营的效率进行评价。结合两者构建具有双重目标的复合模型，对该模型所产生的结果进行分析和评价，并指出可改进的路径，为下文提出的协同保障措施提供支撑。

第六章为我国企业年金基金运营的收益协同保障措施。根据前文的分析和结论，结合我国企业年金在政策上的研究，从投资管理、协同监督和其他保障措施三个方面提出了能使我国企业年金基金持续和良好投资运营的有效建议和对策。

第七章为结论与展望。总结全文的工作与取得的成果，明晰了研究中主要的创新点，提出进一步研究的问题与方向。

三、技术路线

本书主要是探讨我国企业年金投资运营过程中各参与主体间收益协同的机理和模型，围绕整个投资运营过程中的各利益相关方开展研究。首先是进行研究方案设计以及概念界定。通过对大量的相关文献和资料的收集与整理，在了解我国现行的企业年金基金在投资运营中的利益分配过程和影响的基础上，设计并制订研究方案，界定企业年金基金运营中涉及的重要概念，明确研究的范围。其次是系统梳理企业年金基金的历史发展脉络，分析我国企业年金基金的规模和收益状况，说明我国企业年金基金的发展现状。基于协同理论，科学界定企业年金基金投资运营协同的概念，明确其内涵和外延，在明确投资运营过程的基础上，通过分析影响系统运营的各个主要影响因素，对其协同动力、特性、运作模式等方面进行研究。再次是在定性研究的基础上开展定量研究。从主体行为的角度构建企业年金基金投资运营的收益协同模型，并验证企业年金基金投资运营的收益协同模型和进行灵敏度分析；从系统运营绩效的角度构建多目标的协同模型，对企业年金基金运营的效果和效率两个维度进行复合评价。最后是提出适合我国企业年金基金能够持续和良好投资运营的有效建议和对策。本书采用的技术路线如图1-1所示。

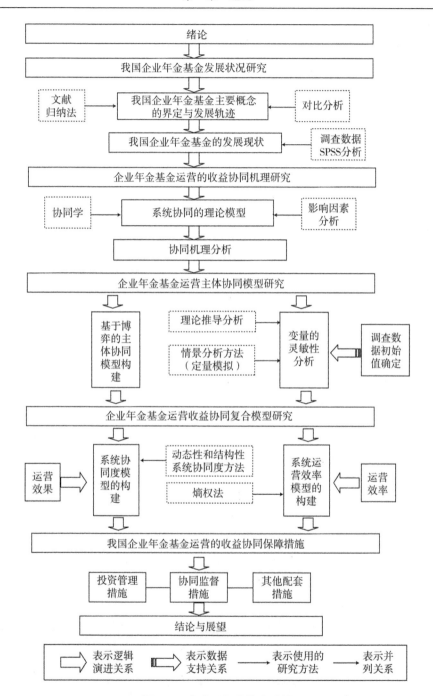

图 1-1　本书采用的技术路线

第二章 我国企业年金基金发展现状研究

第一节 相关概念

一、企业年金的定义

由于各个国家在法律体制、金融市场、财政政策、制度设计等方面具有较大的差异，各国的企业年金的名称不尽相同，有的国家称为"企业退休金计划"，有的国家称为"职业养老金计划"（任萧雨，2013）。另外，不同国家对企业年金的概念定义也有所差别。尽管如此，在概念上仍然有一些相同之处，即都认为企业年金的设立遵循自主原则，并不是政府强制实施的，而是以为员工提供在退休后的生活保障为目的，国家鼓励那些自身经济实力好的企业，依据国家规定的法律法规，建立和发展企业年金，提高企业员工的福利待遇，更好地促进员工和企业之间的关系，使员工对企业有归属感，在为企业发展做出贡献的同时获得更多的福利。在我国，企业年金在建立之初被称为企业补充养老保险，而在 2000 年时才被正式更名为企业年金。

二、企业年金基金的定义

2011 年新修订的《企业年金基金管理办法》，对企业年金基金进行了明确的定义，是指根据依法制定的企业年金计划筹集的资金及其投资运营收益形成的企业补充养老保险基金。

在该项办法中，我国以年金基金的表现方式对其进行基金化运作。我国法律规定了企业年金基金的类型是固定缴费的资产计划，运营过程中的全部风险完全由受益人承担。在账户方面，以个人账户方式进行单独的管理，与社会统筹的方式不同，是一种特殊的基金种类，具有金融属性。企业年金基金的资金主要由两部分组成：一是企业和职工按照企业的年金计划缴纳的费用；二是通过投资管理人对其进行投资产生的收益。这些都属于在职职工在退休前的工作阶段进行的基金积累，而在退休后，员工则可以从专属的账户中获得退休金，其过程如图 2-1 所示。在企业年金基金运营过程中，其基金资产必须是独立进行管理的，并且不得用于其他用途，也就是说必须与提供管理服务机构的自有资产或其他资产进行分离。根据企业年金基金设立目的的特殊性，对运营的稳定和收益方面具有不同要求，以提供一定程度退休收入保障为最终目的，即是老百姓的养命钱，由此企业年金基金在运营过程中，资产的安全性居于首位，其次才是增值问题，这就是企业年金基金运营的目标和评价的准则。

三、企业年金基金运营主体

企业年金基金运营主体包括委托人、受托人、投资管理人、托管人、账

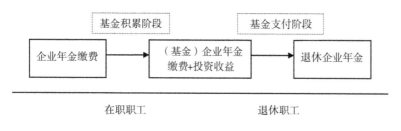

图 2-1　企业年金计划资金流程

户管理人和受益人，分别承担委托管理、投资组合计划管理、资产管理、账户管理等职能。委托人将企业年金的资产以信托的方式完全委托给受托人，由受托人全权代理形成一个资金池，我国法律明文规定，托管人不能与受托人相同，托管人不能与投资管理人相同，因此受托人可以承担除托管人外的其他角色，即承担另外的一个或多个角色，也可以只承担受托人资格，或者将其他的职能外包给其他的金融机构。通过职能外包、委托限定和赋予受托人对其他当事人的监督职责等多种方式，建立起多个运作主体间的约束机制，从而相互配合，使企业年金基金能够持续性地运营，共同为其保值增值进行服务。在六个运营主体中，只有委托人、托管人和受益人能直接接触到资金，托管人扮演着裁判员的角色，对投资运作和账户管理进行监督，也同时对除委托人和受益人外的其他参与主体具有选择权和决定权，是资金链的枢纽。一般情况下，委托人和受益人是同一人，只有在特殊情况下，受益人会是委托人的家属或法律确定的其他人。本书讨论的企业年金基金运营主体，若不做特别说明，参与企业年金基金运营的主体主要有五个，一般是指委托人、受托人、投资管理人、托管人和账户管理人。

　　在我国企业年金基金运营过程中，受托人在其运营管理中处于核心位置，具有枢纽的作用，是连接企业和职工、托管人、投资管理人和账户管理人的纽带。委托人主要担负着缴费的义务，其余主体则担负着与其名称相应的功能，在整个运营过程中，通过不同的结合方式形成某种运作模式，在业务衔接、信息交换、监督管理等各方面都相互衔接、彼此影响、相互制约、互惠互利，因而企业年金基金运营主体间形成的关系是复杂且密切的。主体间的协同运作推动了企业年金基金的持续运营，在达到安全性目标的同时，也使受益人获得满意的收益。

四、企业年金与社会基本养老保险和商业保险的对比分析

世界银行为应对老龄化危机，推行了"三支柱"的养老保障模式。第一支柱为基本养老金，其目标是保证退休者的基本生活（姜蕾，2007），这是养老金最基础的来源，它关系到人们的生存问题，因此大部分国家都强制性实施。基本养老金的特征是覆盖面广、不可替代且具有基础地位。我国1991年前实行的都是对国有企业职工的养老保险制度，属于社会统筹方式，未进行基金化，从保障退休人员基本生活的作用看，属于第一支柱的范畴，并且强制全国的所有劳动者都参与其中，在企业中工作的职工仅仅只是其中的一部分，还包括事业单位、公务员等。第二支柱为企业年金，这是本书的研究对象，是由企业自主选择的，参与对象有限，目前大多是以国有大型企业为主，经济实力较强的企业中的职工可以参加。第三支柱的养老计划是指个人储蓄，即个人自愿性的养老金安排，我国的商业养老保险则可归于这一类型。第三支柱是对第一、第二支柱的补充，可满足人们对养老的较高需要。

由此可以看出，社会养老保险、企业年金、商业保险都起到保障人们退休生活的作用，共同点是都可以增加退休人员的养老金，都是养老保障模式的重要组成部分。它们三者之间既有联系，也有区别。

1. 企业年金与社会养老保险的区别与联系

覆盖面最广泛的基本养老保险是由国家强制实行的，目的是为了提供劳

动者在退休后的基本生活保障，对于企业来说，是覆盖所有职工的。而企业年金，则是一种非强迫的企业行为，企业可以根据自身的盈利能力，对职工的人力资源规划、企业文化等因素综合考虑是否建立企业年金，将增加职工的退休金作为一种激励手段，由企业自主选择。它并不能代替基本养老保险，最主要的目的是提高企业职工的养老水平（刘润芳，2005），只是作为基本养老保险外的一种补充。企业年金覆盖面很低，截至2020年底，我国参与企业年金的人数仅占参与基本养老保险人数的6.81%。

两者另一主要的区别在于缴费支付和收益风险方面。我国的基本养老保险是强制实行的，缴费的费率有明确的规定，在支付时由于是政府行为，与财政密切相关，由其对最终支付给予担保，基本养老保险的收益是稳定且有保障的。企业年金基金是由企业自主进行的，缴费费率也是由企业自主确定的，税收的优惠程度是其主要的影响因素之一，由于企业年金是以基金方式运营的，因此其收益是获利或损失都将由委托人自行承担，也就是说投资风险由委托人承担，因此企业年金基金在运营中的管理及收益状况将对企业年金的发展起到巨大的影响作用。

通过分析，将两者在建立目的、缴费方式、覆盖面、账户类型等方面进行比较，区别如表2-1所示。

表2-1　社会养老保险与企业年金的区别

类型	社会养老保险	企业年金
目的	保证基本生活水平	提高基本生活水平
缴费	供款确定	供款灵活
可选择性	强制实施	自愿建立
覆盖面（对企业）	所有企业（广）	部分企业（少）
财政	财政对最终给付给予担保	无担保、无兜底

续表

类型	社会养老保险	企业年金
风险承担	互助共济	各负其责
账户类型	统筹加个人账户管理	完全个人账户
支付方式	现收现付	完全积累

2. 企业年金与商业养老保险的区别与联系

商业养老保险则是一种养老保障合同，由投保的个人本着自愿的原则与商业保险公司签订的，是个人的一种风险防范行为。这种风险防范行为和商业保险公司提供的金融服务进行有机的衔接，也是社会养老保障体系的有益补充（柯建，2006），属于个人自愿性的储蓄。由此可以看出，企业年金与商业保险都是可以自主选择的，目的都是为了改善生活，具有保障人们生活和社会安定的功能，但商业保险更偏重于盈利的目的。另外，两者均是需要通过市场化进行运作，并由缴费人或受益人自行承担风险，无财政的担保。在目前的保险市场上，商业保险公司开发出了以客户为导向的保险产品，其中包括保障最低收益的产品类型，因此某些商业保险在一定程度上也具有了保障基本收益的功能。

二者主要不同之处在于，参与人群的类型，商业保险由保险公司推出，其客户面向社会的所有群体，根据不同的群体需求设计不同的产品，因此其覆盖面更为广泛，由个人自主选择产品并缴费。企业年金只针对企业职工，由企业和职工共同缴费，而收益和风险由受益人承担。总体来说，商业养老保险与企业年金两者在性质上不同，在目的、覆盖面、法律保障等方面的差异总结如表2-2所示。

表 2-2 商业养老保险和企业年金的区别

类型	商业养老保险	企业年金
目的	以盈利为目的	以改善职工退休生活为目的
覆盖面	范围覆盖各类群体	范围仅限于企业职工
缴费主体	个人缴费	个人缴费或与企业共同缴费
收益保障	取决于投保人缴纳的保险费	取决于企业和员工缴纳的费用
法律事务	立法处于多项立法部门的边缘	立法属于经济立法范畴
体系归属	商业保险属于财政金融体制	企业年金属于社会养老保障体系
退出条件	自由退保	不得随意退保
收益运用	自行安排	不得挪作其他用途

通过对比社会基本养老保险、企业年金和商业养老保险三者的概念，可以看出企业年金既不属于基本养老保险也不属于商业养老保险，而是介于两者之间，是基本养老保险体系的补充，具有企业年金自身独特的优势和特点，能给退休人员提供一定的养老保障，同时也是我国目前养老体系建设中受到人力资源和社会保障部关注的重点，应鼓励企业和职工积极建立和发展企业年金。

第二节　企业年金在国内外的发展历程

一、企业年金在国外的发展历程

企业年金制度起源于西方社会早期的企业退休金制度或退休给付制度，始于 19 世纪中期，远早于公共养老金计划的建立，距今已有 200 多年的历史。19 世纪中叶，由于受到工业化的影响，大量的劳动力进入城市中，在改变了传统的经济结构的同时也改变了人们养老的传统方式。最早期的企业年金计划目的是为了帮助那些企业内部的老年职工、丧失了劳动能力的职工或职工遗属。一开始的目的是为了帮助那些生活特别困难的人，它是由雇主先提出来的，自发形成的，不是斗争的产物，政府也没有进行干预。由于工业化所带来的经济变化，进入城市企业工作的人越来越多，传统的农耕经济时期的依靠家庭和子女赡养的方式在逐渐改变，单个家庭越来越多，自己养老的方式也在逐渐形成。同时，由于工业革命使得企业的规模越来越大，组织结构越来越丰满，雇主的用工数量越来越多，对人力资源的要求也越来越高。希望能够留住忠诚和有经验的具有重要影响的职工，吸引招聘更多的新职工，为其提供老年的养老保障，解决后顾之忧；提供一个稳定安全的环境，能够使其放心地工作；增加企业的归属感，认真地投入工作中，为企业带来效益。出于以上目的，企业开始将设立企业年金作为一项与人力资源密切相关的计划，用于保留有用的人才，这样，企业年金制度开始在西方工业国家兴起。随着经济的不断发展，民主的程度也在不断提高，企业雇主们越来越认识到人力资源的重要性。他们认为应为职工提供一个稳定安全的状态，提高生产率和建立企业归属感，在这种认识的基础上，企业年金作为一种人力资源管理战略，作为职工福利的一部分正式被确定下来，企业年金开始在各行各业中盛行。

第二次世界大战后，受贝弗里奇的影响，公共养老金计划逐渐成熟和快速发展，在一定程度上抑制了企业年金计划的发展。然而随着时间的推移，公共养老金体系逐渐暴露出巨大的财政负担，并影响了经济的发展，同时随着医疗水平的提高，寿命延长使人口老龄化加剧，更加剧了国家负担。在这种背景下，引发了养老体系的改革，鼓励私人养老金计划的发展，以减轻国家负担，各种企业年金计划被人们当作完善养老保障体系，建立多支柱、多筹资渠道系统的重要手段（童文胜，2006）。再加上世界银行多支柱理论的传播，各国政府对企业年金青睐有加，给予种种税收优惠，从而使企业年金计划获得了长足的发展。

二、企业年金在国内的发展历程

我国从 20 世纪 80 年代末期开始建立基本养老保险制度，到了 90 年代才开始建立企业年金。企业年金在发展中受到诸多阻挠，与国外拥有完善福利制度的国家相比，现在仍然处于初步的发展阶段。这主要有四个方面的客观原因：一是我国原来在国有企业和行政事业单位所实行的退休工资制度，企业职工的养老金来源单一，仅仅依靠原工作单位发放退休金，这种方式的最大缺陷就是在企业破产倒闭以后，职工的退休工资就没有了保障。二是中国居民个人储蓄存钱的习惯，通过储蓄来养老在整个养老保障体系中占绝大部分。而有些居民可能由于某种原因而未能积累到足够多的养老金，个人储蓄养老这一方式存在很大的可变性和不确定性，从而使养老缺乏稳定的保障基础。三是中国企业对实施企业年金重要性的认识不足，同时缺乏专业的管理能力，并未将其看作是企业在人力资源计划和企业文化上的战略建设。目前能吸引企业参与的原因是其能够享受的税收优惠，而且由于它本身是一种非强制性的政策，由企业自愿选择是否参与，造成了实施积极性不高的结果。四是中国企业年金处于发展初期，各项配套的政策法规还不完善，国家在支持企业年金发展方面缺乏相关的配套政策法规。例如，税收激励的力度不足，无法吸引其建立企业年金；在运作和收益方面，尚未规范市场和从业人员的管理水平，并未能使企业年金基金收益达到企业和职工的目标收益。因此，不少有条件的企业仍然没有建立企业年金，而是在等待其成熟规范。尽管随着企业年金的发展，国家在不断调整政策，企业年金的发展规模在快速增加，但是在其覆盖面上仍然极为有限，但是由于操作性和专业性等方面的因素限制，仍然使一些想要提供补充养老待遇的职工无法加入企业年金，或者是企业年金的运营收益无法使其享受到相应的保障。

经过 30 多年不断的探索与实践，虽然面临着诸多的困难，但我国还是确立了多层次的养老保险体系。我国的企业年金的建立和发展经历了四个阶段（姜蕾，2007）。

1. 萌芽阶段（1984~1990 年）

在 1984 年以前，我国对城镇职工退休养老仍采取社会统筹的方式，到 1990 年，国家开始了试点，尤其是明确了合同制职工的养老保险问题，与传统的终身制雇员的养老有所不同。我国养老保障体系从政策上开始转型建设多元化的保障体系。这一阶段可以视为我国企业年金制度的萌芽时期。

2. 探索阶段（1991~1999 年）

我国的经济体制由计划经济转变为了市场经济，从而使我国的养老保障体制发生了相应的变化。在计划经济时期，我国实行的是低工资，创造的价值都由国家统一分配和再投入，职工退休后，由单位负责养老。随着市场经济的发展，企业类型越来越多元化，职工的工资和养老问题随之发生了变化。1991 年，国务院发布了《关于企业职工养老保险制度改革的决定》，对原有的国家企业完全负责的养老制度改为由国家、企业和个人三方共同负担，并实行社会统筹。由于国家的财政压力以及企业性质的多元化，都要求职工有退休保障，国家开始提倡并鼓励企业实行补充养老保险，并给予政策上的指导。企业职工养老从"单位保障"迈向了"社会保障"。这在一定程度上标志企业年金制度启动，进入初创时期。在这一阶段，对养老保障体系改革的探索主要是在企业中进行的，并有一定的发展，但是机关事业单位的养老改革较为滞后，仍实行单位负责职工的退休养老。从而在企业和机关事业单位间的养老改革步伐不一致，形成了所谓的养老"双轨制"（索寒雪，2013）。这一阶段的主要事迹如表2-3所示。

表2-3　我国企业年金探索阶段的主要事迹

年份	文件/其他	主要内容
1993	新财会制度	取消了老会计科目中"奖励基金"、"福利基金"两项后，没有增列企业养老保险资金记账科目，这在一定程度上制约了初创时期企业补充养老保险工作的全面推行
1994	《中华人民共和国劳动法》第75条	"国家鼓励用人单位根据本单位实际情况为劳动者建立补充保险"，这一规定为建立企业年金制度提供了法律依据 将"补充养老保险"这一概念用法律的形式确定下来，在沈阳、上海等城市进行企业补充养老保险试点
1995	《国务院关于深化企业职工养老保险制度改革的通知》	提出"企业按规定缴纳基本养老保险费后，可以在国家政策指导下，根据本单位经济效益情况，为职工建立补充养老保险"；在经办机构的选择上，企业补充养老保险和个人储蓄性养老保险，由企业和个人自主选择经办机构
1995	《劳动部关于印发〈关于建立企业补充养老保险制度的意见〉的通知》	对企业建立补充养老保险的实施条件、决策程序、资金来源、管理办法、待遇给付、经办机构、投资运营等提出了指导性意见，并做出了规范，确立了基本的政策框架 明确提出我国企业补充养老保险采用"个人账户"式管理、采用给付型模式（DC模式）
1997	《国务院关于建立统一的企业职工基本养老保险制度的决定》	规定"为使离退休人员的生活随着经济与社会发展不断得到改善，体现按劳分配原则和地区发展水平及企业经济效益的差异，各地区和有关部门要在国家政策指导下大力发展企业补充养老保险，同时发挥商业保险的补充作用"，使全国不同的社会统筹与个人账户相结合模式开始走向统一 明确了企业补充养老保险和基本养老保险的关系，以及发挥商业保险在社会保障体系中的补充作用

年份	文件/其他	主要内容
1998	中华人民共和国劳动和社会保障部组建	国务院办公厅将制定保险政策和承办机构资格的认定标准，以及对补充养老保险基金实施监督等列为这一新成立部门的职能之一，同时实现了全国社会保险行政管理体制的统一，为推进我国养老保险改革奠定了必要的组织基础
1999	国务院颁布《社会保险费征缴暂行条例》	进一步强化我国养老保险费的征缴工作

3. 试点阶段（2000～2003年）

2000年是企业年金发展的里程碑，这一年正式更名为企业年金，标志着开始进入企业年金的试点阶段。这一阶段中，完成了对账户的分离，以往传统的基本养老保险采用的都是社会统筹账户，而企业年金是采用完全积累方式，对应的是个人账户，因此对社会统筹基金和个人账户基金提出了不同的管理要求，需要将其分离，进行分账管理。出于遵循自愿的原则，企业可以自行选择是否建立和发展企业年金，相关法规对参与企业的资格也做出了明确规定，要求其实行市场化的运营和管理。对于企业年金的类型也确定为缴费固定计划，实行基金完全积累，由受益人承担基金在投资过程中所产生的风险，对个人账户进行单独管理。企业将其作为一种福利给予员工，企业也和员工一样，对其进行缴费，同时可以对该部分缴费享受企业所得税获得优惠4%的税收政策，在一定程度上提高了企业利润。在2011年辽宁省的试点方案中，明确建立企业年金的企业必须满足的三个条件，之后逐步在辽宁全省、深圳、上海、淄博等城市进行试点；表明了国家发展企业年金制度的决心，也体现了新的养老政策的发展动向。另外，在鼓励建立企业年金的同时，也鼓励开展个人储蓄性养老保险等。这一阶段中，我国企业年金在建立规范和初步可行性方面取得了一定的进展，标志着开始进入企业年金制度的年代。

4. 整体框架初步形成（2004 年至今）

2004 年前后相继出台的三个法规，对我国企业年金的制度设计、运营方式、机构设置以及年金基金的运作流程、治理机制、监管模式等进行了规范。这一阶段发生的变化在规范化运作和实际的操作方面都可以反映出所取得的重要发展。之后在 2005 年、2006 年和 2007 年，对于参与企业年金基金管理的投资机构进行了明确的资格认定，并对相关的主体职能和业务工作进行了明确的说明，包括开户流程、运作流程、受托人规定等细则，账户管理以及保险公司业务等也做出了相应的规定。相关的内容如表 2-4 所示。新颁布的《企业年金基金管理办法》于 2011 年 5 月 1 日起施行，2004 年发布的《企业年金基金管理试行办法》同时废止。

表 2-4　我国企业年金整体框架形成阶段的主要事迹

年份	法规名称	主要内容
2004	劳动和社会保障部等 4 部门正式公布《企业年金基金管理试行办法》	自 2004 年 5 月 1 日起施行
	劳动保障部发布了《企业年金管理指引》	对各类金融机构从事年金业务操作的全流程和全方位的规范，勾勒出了中国企业年金的制度特点和运作方式
	劳动和社会保障部和证监会联合发布《关于企业年金基金证券投资有关问题的通知》、《企业年金基金证券投资登记结算业务指南》	首次对企业年金基金证券投资的开户、清算模式、备付金账户管理等有关问题进行了具体规定，为企业年金入市奠定了重要的制度基础

年份	法规名称	主要内容
2004	劳动和社会保障部相继出台了《企业年金基金管理机构资格认定暂行办法》、《企业年金基金账户管理信息系统规范》	形成以开户流程、运作流程、受托人规定等细则为补充的企业年金整体运作框架
2006	劳动和社会保障部出台《关于企业年金基金银行账户管理等有关问题的通知》	对企业年金基金银行账户管理等相关问题做出了规定
2007	保监会出台《保险公司养老保险业务管理办法》	对企业年金做出了相应的规定
2011	人力资源和社会保障部等4部门发布《企业年金基金管理办法》	于2011年5月1日起施行，而2004年发布的《企业年金基金管理试行办法》同时废止。新法令的出台，是相关法律法规的完善，为企业年金基金管理提供了一个更规范的运行环境，明确了相关成员的责任与权利，规范和约束了基金管理中各方的行为，对收益分配也做出了明确约束 新法令的实施，在充分协调各方的关系、进行合理分配利益、约束人员行为和提高人员素质等方面都提出了更高的要求和迫切的需要
2017	人力资源和社会保障部与财政部发布《企业年金办法》	于2018年2月1日起施行，2004年1月6日发布的《企业年金试行办法》同时废止。完善了企业年金方案的相关规定

第三节　我国企业年金基金的发展比较与收益分析

　　本节对2006~2020年的相关数据进行分析，该部分的数据来源于国家统计局、人力资源和社会保障部社会保险基金监管局。

一、总体规模发展分析

我国于 1994 年将企业补充养老保险开始进行试点，到 2000 年正式更名为企业年金，据统计全国参与企业年金的企业数量为 1.6 万户，2004 年，《企业年金基金管理试行办法》的出台，标志着我国开始进入规范化运作阶段，到 2005 年，全国建立企业年金的企业数量达到 2.4 万户，参加职工的人数达 924 万人。截至 2020 年底，全国已有 10.52 万家企业建立了企业年金，缴费职工人数为 2718 万人，基金规模达 22497 亿元，GDP 为 1015986 亿元，基金仅占 GDP 的比例为 2.21%。我国企业年金的规模从发展情况来看，企业年金在起步阶段规模增长速度非常快，但是由于发展的时间短，就总量而言企业年金覆盖的面还较小，保障水平不均衡，企业年金累计结存占 GDP 的比例不足 3%，远远低于丹麦、美国、芬兰、加拿大等国，还没有发展成为养老保障制度的第二支柱。

我国企业年金经过 20 多年的发展，在企业数量、参与职工人数、年金基金规模上都有非常迅速的发展，取得了可喜的成绩，对于建设我国的多层次结构的养老保险体系有巨大的推动作用。但其整体的发展尚未能与我国经济发展水平、居民收入状况相适应，覆盖面仍然很低，从以其建设为第二支柱的角度来说，其总的发展步伐仍然非常缓慢，还需不断地推进我国企业年金基金的发展和管理。

二、企业年金基金与国内生产总值（GDP）的发展比较分析

1. 总体发展状况比较分析

2006~2020 年，我国参与企业年金基金的企业数由 2.4 万户上升到 10.52

万户，增加了 4 倍有余；参与缴费职工人数由 964 万人增加到 2718 万人，增加了 1754 万人，增幅达 181.95%，年均增长率为 13%；企业年金基金累计结存从 910 亿元增长到 22497 亿元，增加了 21587 亿，增幅达 2372.20%，年均增长率为 169.44%；GDP 的规模则从 219439 亿元增加到 1015986 亿元，增加了 796547 亿元，增幅达 362.99%，年均增长率为 25.93%（见图 2-2）。由此可以看出，我国企业年金基金规模的发展速度远高于 GDP 的增长，但年金规模占 GDP 的比例还很小，仅从 0.42% 上升到 2.21%，增长状况如图 2-3 和表 2-5 所示。

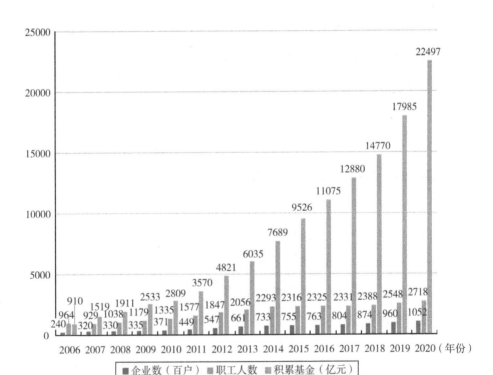

图 2-2 我国企业年金基金规模各年增长状况

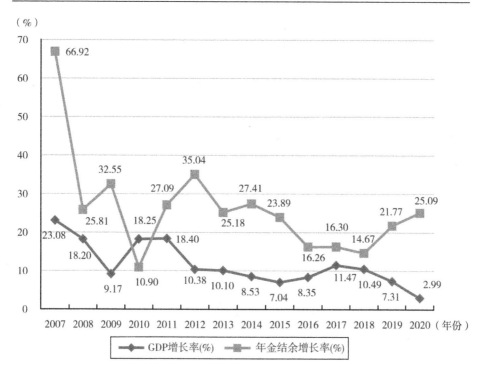

图 2-3 我国企业年金基金与 GDP 发展各年增长率

表 2-5 我国企业年金基金规模各年发展状况

年份	企业数量 （百户）	职工人数 （万人）	基金累计结存 （亿元）	国内生产总值 （亿元）
2006	240	964	910	219439
2007	320	929	1519	270092
2008	330	1038	1911	319245
2009	335	1179	2533	348518
2010	371	1335	2809	412119
2011	449	1577	3570	487940
2012	547	1847	4821	538580
2013	661	2056	6035	592963
2014	733	2293	7689	643563
2015	755	2316	9526	688858

续表

年份	企业数量（百户）	职工人数（万人）	基金累计结存（亿元）	国内生产总值（亿元）
2016	763	2325	11075	746395
2017	804	2331	12880	832036
2018	874	2388	14770	919281
2019	960	2548	17985	986515
2020	1052	2718	22497	1015986

2. 各年增长状况比较分析

对于每年的发展变化，企业年金基金累计结存占 GDP 的比例逐年递增，2006~2020 年，比例增长了 4 倍多，但是在数值上的变化率还相对较小。从总体上来看，除 2010 年的比例为 0.68%，低于前一年的 0.73%外，确实是以每年递增的趋势在发展，如表 2-6 所示。

表 2-6　我国企业年金基金占 GDP 比例的各年状况

年份	基金累计结存（亿元）	国内生产总值（亿元）	占 GDP 比例（%）
2006	910	219439	0.41
2007	1519	270092	0.56
2008	1911	319245	0.60
2009	2533	348518	0.73
2010	2809	412119	0.68
2011	3570	487940	0.73
2012	4821	538580	0.90
2013	6035	592963	1.02
2014	7689	643563	1.19
2015	9526	688858	1.38
2016	11075	746395	1.48
2017	12880	832036	1.55

续表

年份	基金累计结存（亿元）	国内生产总值（亿元）	占GDP比例（%）
2018	14770	919281	1.61
2019	17985	986515	1.82
2020	22497	1015986	2.21

与世界上其他建立养老保障三支柱的国家相比，就企业年金基金累计结余占国内生产总值（GDP）的比例来说，该比率最低的西班牙也达到了15%（鹿峰，2008），而我国企业年金基金的总量占国内生产总值（GDP）还不到3%，离我国构建多支柱的养老保险体系的目标还有很大的差距，企业年金还无法成为我国养老保险的第二大支柱。

以上年的数量为基数，通过计算每年的增长率，得到表2-7，从表中的计算结果可以看出，在每一年中，企业年金基金累计结存和国内生产总值（GDP）每年的增长率都是大于0的，说明每年的总值都相比于上年度在增长，呈现上升的趋势。通过比较，除2010年，企业年金基金累计结存的增长率为10.90%，低于国内生产总值（GDP）的增长率18.25%外，其余的14年，企业年金基金累计结存的增长率都高于国内生产总值（GDP）的增长率，说明企业年金基金的规模增长速度高于国内生产总值（GDP）的发展速度。

表2-7 我国企业年金基金与GDP各年增长率

单位：%

年份	GDP增长率	年金增长率
2006	—	—
2007	23.08	66.92
2008	18.20	25.81
2009	9.17	32.55
2010	18.25	10.90

年份	GDP 增长率	年金增长率
2011	18. 40	27. 09
2012	10. 38	35. 04
2013	10. 10	25. 18
2014	8. 53	27. 41
2015	7. 04	23. 89
2016	8. 35	16. 26
2017	11. 47	16. 30
2018	10. 49	14. 67
2019	7. 31	21. 77
2020	2. 99	11. 46

三、企业年金基金与养老保险基金的发展比较分析

我国所有企业的员工都必须参与养老保险，这是强制性的，属于我国养老体系的第一支柱；而企业年金作为养老体系的第二支柱，则是属于选择性的，一般都是大型的、收益较好的企业进行参与，因此可以从参与人数和基金累计结存两个指标分析企业年金基金的发展状况。

1. 人数增长状况比较分析

从人数方面来看，2006~2020 年，我国城镇就业总人数由 29630 万人上升到 46271 万人，增加了 16641 万人，增幅达 56.16%，年均增长率为 4.01%；我国企业参加基本养老保险人数由 16857 万人上升到 39908 万人，增加了 23051 万人，增幅达 136.74%，年均增长率为 9.77%；参加企业年金的缴费职工人数由 964 万人增加到 2718 万人，增加了 1754 万人，增幅达 181.95%，年均增长率为 13%。在总量上，2006~2014 年除 2007 年外，企业参加基本养老保险的人数以及参加年金的人数都是逐年上升的，从人数的增

长速度上来看，参加企业年金的人数增长率在每年都是高于参加基本养老保险的。但是，2015~2018 年参加企业年金的人数增长率低于参加基本养老保险的，且增长率不足 3%。

通过计算，分析比较参加企业年金人数与参加基本养老保险的比例，该比例在一定程度上代表着我国企业年金在企业中的覆盖率。除 2006 年的比例为 5.27% 外，2007~2014 年，该比例呈现逐步上升的趋势，2014~2020 年呈小幅度上下波动。尽管如此，该比例仍然很小，不到 8%。说明同样在企业工作的职工，100 个职工中，只有不到 8 个人既拥有基本的养老保险，又拥有企业年金，而 92 个人只拥有国家硬性规定的基本养老保险。在 15 年的时间内，企业年金在我国企业中的覆盖率仍然较低，还需要国家加强政策等方面的刺激和优惠，鼓励更多的企业给予职工享有企业年金。

2006~2020 年，比较参加企业年金的缴费人数占城镇就业人数的比例，在总体趋势上逐年增加。

与世界上 167 个实行养老保险制度的国家相比，有 1/3 以上的国家同时覆盖企业年金制度的劳动人口约为 33%（梁英，2007）。我国的企业年金覆盖率仍然很低，只占整体就业人数的不到 6%，与参与第一支柱的基本养老保险的人数相比，所占比例也仅为 6.72%，因此，我国还需要从税收优惠、养老体系结构调整、多渠道投资、鼓励金融服务等方面来鼓励企业年金的大力发展。

以上一年为基数，通过计算每年的增长率，得到表 2-8，从表中的计算结果可以看出，2006~2012 年，企业参加基本养老保险人数的增长率都在 7% 以上，2013~2019 年增长率下降，在 3% 以上，而 2006~2014 年参加企业年金人数的增长率都在 11% 以上，除 2007 年为负值，企业年金缴费人数减少外，其余各年参与企业年金人数的增长率都高于参加基本养老保险人数的增长率，由此说明，企业年金在人数上的发展快于基本养老保险的发展，且该比例几乎是持续上升的，企业年金的发展在逐渐加快。从图 2-4 能够较为直观地看出增长的快慢。

表 2-8　参与企业年金人数与就业总人数及参与基本养老保险人数各年情况

年份	城镇就业总人员		企业参加基本养老保险人数		企业年金缴费职工人数		占企业养老保险总人数比例（%）	占就业总人数比例（%）
	人数（万人）	比上年增长（%）	人数（万人）	比上年增长（%）	人数（万人）	比上年增长（%）		
2006	29630	—	16857	—	964	—	5.72	3.41
2007	30953	4.47	18235	8.17	929	-3.63	5.09	3.00
2008	32103	3.72	19951	9.42	1038	11.73	5.20	3.23
2009	33322	3.80	21567	8.10	1179	13.58	5.47	3.54
2010	34687	4.10	23634	9.59	1335	13.23	5.65	3.85
2011	36003	3.54	26284	11.21	1577	18.13	6.00	4.38
2012	37287	3.31	28272	7.56	1847	17.12	6.53	4.95
2013	38527	3.33	30050	6.29	2056	11.32	6.84	5.34
2014	39703	3.05	31946	6.31	2293	11.53	7.18	5.78
2015	40916	3.06	33123	3.69	2316	1.00	6.99	5.66
2016	42051	2.77	34264	3.44	2325	0.39	6.79	5.53
2017	43208	2.75	35317	3.07	2331	0.26	6.60	5.39
2018	44292	2.51	36483	3.30	2388	2.45	6.55	5.39
2019	45249	2.16	37905	3.90	2548	6.70	6.72	5.63
2020	46271	2.26	39908	5.28	2718	6.67	6.81	5.87

2. 基金规模发展状况比较分析

从基金累计结存量来看，2006~2019 年，我国企业年金基金累计结存从 910 亿元增长到 22497 亿元，增加了 17075 亿元，增幅达 1876.37%，年均增长率为 144.34%；基本养老保险基金累计结存则从 2006 年的 5489 亿元增加

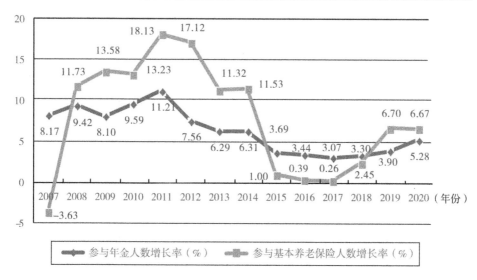

图 2-4　参与企业年金与基本养老保险人数各年增长率

到 2019 年的 54623 亿元，增加了 49134 亿元，增幅达 895.14%，年均增长率为 68.86%（见图 2-5）。由此可以看出，我国企业年金基金在规模上的发展速度高于基本养老保险基金的增长，其增长速度相当于养老保险基金增长速度的 2.19 倍。相比 GDP 的年均增长率 12.53% 来说，养老保险基金和企业年金基金在规模上的发展都高于 GDP 的增长。

计算分析企业年金基金与基本养老保险基金的累计结存比例，能从基金规模上代表着我国企业年金在企业中的覆盖率。2006～2019 年，均值为 23.27%，方差为 0.05，呈现逐步上升的趋势。

具体每一年的变化率，以上年为基数，通过计算得到表 2-9，从表中的计算结果可以看出，基本养老保险基金累计结存比上年的增长率除 2016 年和 2019 年外都在 10% 以上，而企业年金基金累计结存增长率除 2010 年和 2018 年外都在 15% 以上，但是数值波动较大。在数值上，它们均是大于零的，说明基本养老保险基金和企业年金基金的累计结存都是在增加的，但有快有慢。

图 2-5　历年全国企业年金基金投资收益率

而在同一年中，比较此两项增长率发现，除 2010 年和 2018 年，企业年金基金累计结存增长率为 10.90% 和 14.67% 低于基金养老保险基金累计结存增长率 22.67% 和 15.99% 外，每年企业年金基金累计结存增长率均是高于基本养老保险基金累计结存增长率的，说明在总体趋势上，企业年金基金规模的发展速度高于基本养老保险基金。从图 2-6 能够较为直观地看出增长的快慢及趋势。

表 2-9　我国企业年金基金与基本养老保险规模各年增长率

单位：%

年份	基本养老保险基金累计结存增长率	企业年金基金累计结存增长率	企业年金与养老保险比例
2006	—	—	16.58
2007	34.66	66.92	20.55
2008	34.36	25.81	19.24

续表

年份	基本养老保险基金 累计结存增长率	企业年金基金 累计结存增长率	企业年金与养老保险比例
2009	26.13	32.55	20.22
2010	22.67	10.90	18.28
2011	26.89	27.09	18.31
2012	22.80	35.04	20.14
2013	18.08	25.18	21.35
2014	12.49	27.41	24.18
2015	11.15	23.89	26.95
2016	9.15	16.26	28.71
2017	13.75	16.30	29.35
2018	15.99	14.67	29.02
2019	7.31	21.77	32.93

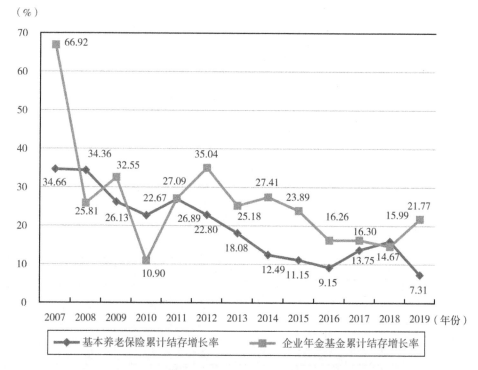

图 2-6　企业年金基金和基本养老保险基金累计结存各年增长率

四、企业年金基金收益状况分析

通过计算得到 2007~2020 年的国内生产总值（GDP）、消费价格指数（CPI）的增长率以及企业年金基金实际收益率，如表 2-10 所示。2006~2012 年，由于受 2007 年股市行情的影响，企业年金基金收益率高达41%，其他年份中，其收益率都是低于工资的增长速度的，且相差较大，更远远低于国内生产总值（GDP）的增长率。其中还有 2 年的收益为负，表示亏损，从某种程度上来说企业年金基金收益状况波动较大，且收益率较低。2012~2020 年，企业年金基金实际收益均为正值，实现盈利，收益率略高于消费价格指数（CPI）增长率，但是大多数年份仍低于国内生产总值（GDP）的增长率。

表 2-10　我国国内生产总值（GDP）、消费价格指数（CPI）与企业年金基金收益率

单位：%

年份	国内生产总值（GDP）增长率	消费价格指数（CPI）增长率	企业年金基金收益率
2007	22.88	4.80	41
2008	18.15	5.90	-1.83
2009	8.55	-0.70	7.78
2010	17.78	3.30	3.41
2011	17.83	5.40	-0.78
2012	9.77	2.60	5.68
2013	10.10	2.60	3.67
2014	8.53	2.00	9.30
2015	7.04	1.40	9.88
2016	8.35	2.00	3.03
2017	11.47	1.59	5.00
2018	10.49	2.10	3.01

续表

年份	国内生产总值 （GDP）增长率	消费价格指数 （CPI）增长率	企业年金基金 收益率
2019	7.31	2.90	8.30
2020	2.99	2.49	10.31

2007~2020 年，企业年金基金投资组合的个数由 212 个增长到了 4633 个，增长数量超过了 200 倍，年均增长率达 2085.38%；资产金额也从 2007 年的 154.63 亿元增长到 2020 年的 22149.57 亿元，增幅达 142.24%，年均增长率为 948.28%（见表 2-11）。

表 2-11　我国企业年金基金投资各年管理情况

年份	投资组合数（个）	资产金额（亿元）	当年加权平均收益率（%）
2007	212	154.63	41.00
2008	588	974.90	−1.83
2009	1049	1591.02	7.78
2010	1504	2452.98	3.41
2011	1882	3325.48	−0.78
2012	2210	4451.62	5.68
2013	2519	5783.60	3.67
2014	2740	7402.86	9.30
2015	2993	9260.30	9.88
2016	3207	10756.22	3.03
2017	3568	12537.57	5.00
2018	3929	14502.21	3.01
2019	4327	17689.96	8.30
2020	4633	22149.57	10.31

而每年的投资收益率则是变动的，在2007年收益最大为41%，最低的是在2008年，收益率为-1.83%，2011年收益率为-0.78%，该两年的收益出现负值为亏损状态，尚未达到保值的目标，其余年份均为正值，14年中的年均收益率为7.70%，如图2-7所示。

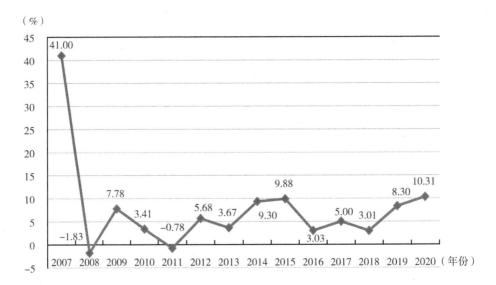

图2-7　历年全国企业年金基金投资收益率

2020年，在整个投资运营中，以投资运作满全年的投资组合作为样本，数量为3919。按类型分为单一计划、集合计划和其他计划，其中单一计划的数量最多，为3718个，所占比重达94.87%，合计收益为10.50%，高于集合计划的收益8.44%。从投资组合的方式来看，主要分为固定收益类和含权益类，不论在单一计划还是集合计划中，都可以发现含权益类产品的投资组合类型数量是多于固定收益类产品的投资组合类型数量的。从收益上来看，在单一计划中，权益类组合产品的收益高于固定收益类组合产品，而集合计划和其他计划中，权益类组合产品的收益却低于固定收益类组合产品。但是从整体上来看，权益类组合产品的收益为11.28%，高于固定收益类组合产品收益的5.30%（见表2-12）。

表2-12 2020年全国企业年金基金投资收益率情况

计划类型	组合类型	组合数（个）	期末资产（亿元）	2020年加权平均收益率（%）
单一计划	固定收益类	1018	2313.16	5.29
	含权益类	2700	16702.78	11.28
	合计	3718	19015.94	10.50
集合计划	固定收益类	67	905.53	5.33
	含权益类	116	1000.74	11.42
	合计	183	1906.27	8.44
其他计划	固定收益类	10	8.07	5.17
	含权益类	8	12.65	9.74
	合计	18	20.72	7.87
全部	固定收益类	1095	3226.76	5.30
	含权益类	2824	17716.17	11.28
	合计	3919	20942.93	10.30

由表2-13可知，对于2020年的具体收益情况，以投资运作满全年的投资组合作为样本，包括直接投资组合在内的样本数量为4107个，仅有9个样本收益率为负，其余的收益都是获利的，即都在0以上。以4%为变化将其分为5个区间，可以发现收益高于16%的数量较少，所占比例是1.68%，而低于4%的数量也很少，所占比例只有4.48%。通过比较，具有最多样本数量，即1866个样本，它们的收益都集中于［8%，12%］，所占比例为45.43%，超过40%以上的数量。其次是收益为［4%，8%］的样本，有1359个，占总样本的33.09%。总体来说，在2020全年中，收益的分布集中在8%左右，在两端的即低于4%和高于16%的样本数量都很少（见表2-13）。

表 2-13 2020 年全国企业年金基金投资组合收益率分布情况

组合收益率（R）	样本组合数（个）	样本期末资产金额（亿元）
R ≥ 16%	69	979.08
12% ≤ R < 16%	629	5780.21
8% ≤ R < 12%	1866	9740.78
4% ≤ R < 8%	1359	4556.49
0 ≤ R < 4%	175	293.61
R < 0	9	41.64
合计	4107	21391.81

由表 2-13 可以看出，具有高收益的企业年金基金投资组合还很少，若以投资收益方面来吸引企业和职工建立企业年金，其力度不足。现有的投资收益在扣除企业年金的各项管理费率后，将受益人所得到的收益与其他类型的投资相比，如与银行存款利率3%相比，缺乏吸引力，从而不利于企业和职工建立和发展企业年金的积极性。因此未来可以改善投资组合，在控制风险的同时增加企业年金基金收益率。

本章小结

本章首先明确界定了企业年金、企业年金基金的定义，通过对比分析三大养老保障支柱在覆盖面、可选择性、缴费费率、风险承担类型等，说明我国企业年金介于基本养老保险和商业养老保险，是基本养老金的补充，具有自身独特的优势和特点。系统梳理我国企业年金的发展历程，以 1990 年、2000 年、2004 年作为时间节点，可划分为企业补充养老保险阶段、探索阶段、试点阶段和发展阶段。我国从 2004 年颁布施行的《企业年金基金管理试行方法》即进入了规范化的市场运作，通过收集并整理与企业年金基金相关的数据，计算和分析总体和各年的发展状况，在 2006～2020 年的 15 年时间内，对比企业年金的发展与国内生产总值（GDP）、基本养老保险、就业人数发展状况以及企业年金运营收益状况，分析结果说明，在总体规模上我国企业年金基金正在快速地发展，其速度远超 GDP 的增速，但从覆盖率方面来看，其总量占 GDP 的比例、占就业人数的比例远低于世界水平，还处于初级发展阶段。将企业年金作为养老保障的第二支柱，我国的企业年金发展的路程任重而道远。

第三章 企业年金基金运营的收益协同机理研究

第一节 企业年金基金运营收益协同的理论框架模型

一、协同和协同学

协同最早是由德国物理学家哈肯（1995）在对激光的研究中发现的，他认为协同就是任何系统都是由子系统所构成，这些子系统经过有目的的、自组织的过程，都可产生新的稳定有序的结构。这一理论强调系统的状态从无序变为有序，子系统间产生了合作的关系，使整个系统的各个部分能够向着某一个方向在运动，形成一个相对稳定的状态，使系统在宏观性质上得到突变（杨岩，2009）。

协同学（Synergetics）是针对开放系统而展开研究的学科，是自组织理论的重要组成部分，其手段是分析该系统的内部子系统间由于协同的作用，在系统间形成有序的结构，目的就是挖掘出这种结构的形成机理和规律（王维国，1998）。尽管协同作为一门学科提出的时间较晚，但是协同现象确实普遍存在，很多系统的发展中都蕴含着这一规律。在管理学界中协同得到了运用，尤其是在公司战略、企业兼并、企业集群等方面，如 Ansoof（1986）、Itami（1990）以及 Buzzel 和 Gale（1978）等都对企业管理中的协同做出了定义，这些定义的共同点，首先是企业之间或者组成部分之间能够结合在一起、相互配合，其最本质的目的和最根本的动力就是要获得更多的利益，即产生高于单个个体独立运行的收益，波特从价值链的角度认为就是达到共赢，整体利益大于局部利益的简单加总；而各部分或要素之间能够相互合作，形成共生的关系，建立的基础条件就是要有资源的共享。我国学者刘友金和杨继平（2002）等提出了协同应该是内部各要素之间在结合、协作、配合时的一致性或和谐性的观点。

二、企业年金基金运营协同与收益协同的含义

企业年金基金运营的协同，是指在企业年金基金运营的各个环节，从缴费、制订企业年金计划、委托管理、投资管理到领取年金的整个过程，所有具有不同功能的各个参与主体，包括需求方的委托人和受益人，供给方的受托人、账户管理人、投资管理人和托管人，为了获得更多的收益，在现有的法律法规和各种规范要求下，这些具有不同功能的子系统在相互适应、相互制约和相互影响的基础上，按照一定的结构模式结合在一起，实现资源的共享，获取更多的收益，促进企业年金基金运营系统的整体稳定发展的协同。其中，提供管理投资服务的五个参与主体构成的投资管理功能协同的重要部分，它们之间的协同发展要求各个主体必须要相互适应、互相配合，形成合理的运营结构模式，能够更好地进行信息交流、资金规划，降低运营成本，

更好地管控风险，从而达到使企业年金基金能够持续运营并且提高收益的目的。企业年金基金运营协同包括两方面的含义：首先是参与企业年金基金投资运营的产业协同发展，主要是对产业协同发展的研究，处于中观层面，需要强调的是在企业年金产业边界上与系统外部环境所产生的影响；其次是参与企业年金基金运营的各个主体企业间的协同发展，主要是对某个具体的企业年金计划进行研究，处于微观层面，主要的影响因素是提供企业年金服务的主体间的相互配合与博弈。而所有的企业年金计划聚集形成企业年金的产业发展，联系两者之间的纽带则是行业的良性竞争与整体的专业能力。

由上述分析可知，在企业年金基金的整个投资运营中，都是围绕着收益进行的，整个系统的协同都是在价值链上产生的，每个要素或每个承担某种功能的载体——运营主体都是以获得收益为目标而自发地组合在一起，并为了追求收益的最大化而在不断地进行自我调整，除收益外的其他影响因素，如金融服务企业的行业地位、信用评级、客户资源、专业能力等，都在一定程度上影响收益的分配。在系统运营的研究中，收益是最为直观且核心的部分，并且贯穿运营的全过程中。总体来说，收益是研究企业年金基金的投资运营核心要素，且运营中的每个环节和要素都与之息息相关、密不可分。

三、企业年金基金运营的协同过程

图 3-1 表示的是各企业年金基金运营过程中所形成的协同过程。

1. 企业年金基金运营系统与外部环境的发展

运营系统正是由于外部环境发生了重大变化，才促使企业年金这一新的产业开始存在并逐渐发展，企业年金运营的外部环境影响作用最强的就是政府的行为，决定了企业年金发展的动向。我国将企业年金作为养老保障的第

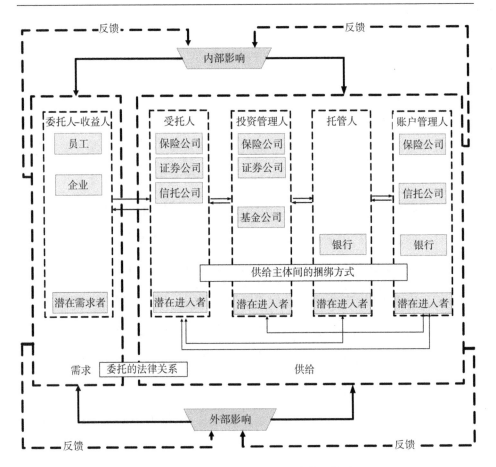

图3-1 我国企业年金基金运营协同模型

二支柱，因此使企业年金开始建立和发展，并且给予了优惠税收政策，形成了市场的需求并促进需求的发展，在需求产生的情况下，供给应运而生，具有能够提供企业年金基金管理服务的机构由于追求利润，开始设计相应的服务，提供满足企业和职工的管理服务。外部的环境还包括了相关的政府机构，如劳动保障部门、保监会、证监会等，对企业年金的运营进行监督和管理。同时，外部环境中的其他法律法规、其他行业、劳动力、第三方服务机构等，都会对其产生影响。例如，我国规定了委托人和受托人在建立企业年金时所产生的委托代理关系，我国法律规定是以信托的方式进行的，那么在企业年金基金运营的整个过程中，它们所产生的关系都是要受到信托法以及相关法规的规范和约束，并且以此保护自身的合法权益。又如，外部的信用环境也会对企业年金基金运营系统中所有参与者的信用状态产生影响，各主体之间在结成合作方式时会有不同的考虑因素。从而形成了企业年金基金运营系统，外部环境确定了企业年金基金运营的规则。

同时，企业年金基金系统对外部环境有交流和反馈的作用，通过与外部环境的交流和反馈，使运营系统内部的各个主体或者功能子系统的效果更佳。我国企业年金基金的发展还处于初级发展阶段，截至 2012 年，年金的覆盖率还不到就业总人数的 4.98%，年金总量还不到 GDP 的 0.93%，因此推进企业年金发展是养老改革的重点，其市场化发展也是必然的。企业年金的市场化运作存在着诸多的问题，但其发展趋势确实不容忽视，在带来巨大市场需求的同时面临着巨大的挑战，越来越多的企业参与到企业年金计划中，企业年金的规模越来越大，同时也对企业年金基金的运作管理提出了更高的要求。而在运营过程中，参与的主体是多方联系的，企业年金运营系统会将在发展中遇到的问题反馈到外部环境和内部环境中，对于可以由市场这只"看不见的手"解决的问题，会在系统内部消化解决，而对于那些无法通过市场解决的现实问题就会被反馈到外部系统中，需要外部的环境给予相应的支持，从整体上加强规划和宏观调控，制定有利于主体协同和引导企业年金基金运营的产业政策、投资政策等。例如，当发展过快而市场发展不完善时，供给的主体资质参差不齐，因此国家相继出台了对参与主体资格的规定和认证，出台了企业年金的运行办法和管理办法，帮助企业年金的发展更为有序和健康，保证企业年金基金运营协同发展目标的最终实现。因此外部环境对企业年金基金存在和发展具有推动作用，同样的企业年金基金运营系统也会对外部环境进行反馈。

2. 在企业年金基金运营系统中的各个主体与内部环境的关系

由各个功能要素或者各个参与主体结合而成的企业年金基金的运营系统是一个复杂的巨系统，内部的影响因素包括企业在合作、分配收益时会考虑到的战略定位、市场份额、行业地位、技术条件、从业人员的资格等多方面因素。这些子系统在内部要素的影响作用下，为了使自身能够获得更多的利益，将会选择合适的方式集结在一起，形成一股合力，从而发挥整体功能，创造整体价值。当整体价值提高时，更能增加单个的收益。

这些企业由于拥有不同的资源可以提供相对应的服务，从而它们具备了参与企业年金基金运营的主体条件，当符合外部规定得到相应的牌照时，他们则成为运营系统中的实际参与者，而这些具有单个功能的子系统，若不相互合作、不按照一定的流程结合，也就无法使企业年金基金顺利运转。企业年金不运转则它们都无法获得利益，由于各个主体都是逐利的，因此它们在市场这只"看不见的手"的指挥下会自发地集结在一起，成为能够为企业年金基金提供服务的企业联盟，并形成一定的结构，按照一定的流程提供服务，从而获得自身的利益，表现为子系统从分散的状态转变为有序的主体。

在不断的发展过程中，企业都是在追求利润的最大化，在企业年金基金投资运营过程中，银行行使账户记账功能、基金公司行使投资分析功能、保险公司行使资产管理功能，若不协同运行，投资管理人的投资分析和投资方案无法及时送达给托管人，或者是托管人未能及时地审核并执行，都会错过市场上稍纵即逝的投资机会甚至引发投资损失，若是账户管理人未能将托管人传递的信息进行及时的处理和正确登记，也将会使受益人和监管人无法及时地了解当前的状态，留下巨大的隐患。只有企业年金基金运营中的各个主体能够密切联系，充分共享资源和信息，发挥各自的优势，才能使企业年金基金持续地运转并获得收益，使企业年金基金运营系统形成自身发展运动的自主性，即自组织能力。企业年金基金运营系统中包括了银行业、保险业、投资基金公司、信托公司等诸多的经济组织，它们都是其中不同层次上的"系统"，也算是一个个"子系统"或功能要素。主体会从战略的角度与其他企业结盟，在主体间结成不同捆绑方式，通过资源共享，降低运营过程中的成本，提高品牌度、提升竞争力，从而获得更多的收益，并促进了企业年金基金运营系统的发展。也就是说，各主体向着同一个目标，加强内部的协作形成整体合力，减少内部耗损和交易费用，提高价值，保证企业年金基金在整体运营上的有效协同。

第二节　我国企业年金基金运营收益协同的影响要素

在企业年金基金的运营过程中，对其收益协同具有重要影响作用的因素主要有五类，分别是：收益来源、管理费率、投资限制、风险准备金、市场竞争性，每个因素中又包括有具体的内容（见图3-2）。

一、收益来源

在投资能够获利的情况下，所有参与主体在整体运营过程中所获得的收益都来自资本市场投资所获得的收益。具体来说，作为供给方的提供投资管理服务的主体，其收益就是它们为企业年金基金服务所获得的管理费，管理费率取决于它们所管理的企业年金基金的规模和管理类型等因素，并在合同

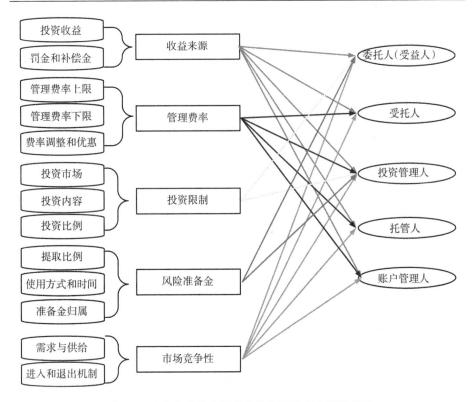

图 3-2　企业年金基金运营收益协同的影响要素关系

中进行具体明确的约定。当企业年金基金的投资能够获利并且足够支付所有的管理费率时，受益人（委托人）就能获益；而当投资不获利，或是投资收益无法承担所有的管理费时，部分或者全部的管理费用将从企业年金基金中抽取，使该企业年金基金的规模即总量减少，及运营投资后的企业年金基金累计结余比初期减少。这种情况说明企业年金基金投资运营没有达到保值的基本目标，只有当投资收益取得能够支付所有管理费用后仍有剩余时，企业年金才达到了增值的目标。在有风险补偿设置和处罚行为产生的情况下，受益人所损失的部分或全部损失可获得弥补。

二、管理费率

1. 影响管理费率的相关政策

对于运营过程中所涉及的管理费率，我国有两个管理办法分别明确提及。

一是 2011 年 1 月颁布的《企业年金基金管理办法》（以下简称《管理办法》）对受托人、账户管理人、托管人、投资管理人的管理费率范围进行了规定，但只是确定了管理费率的上限，不得高于受委托管理的企业年金基金财产净值的百分比。该法规适用于企业年金基金的受托管理、账户管理、托管、投资管理以及监督管理，即所有与企业年金基金相关的管理活动。这些规定具有法律约束力和强制实行力，要求每一个参与企业年金基金运行管理的金融机构都必须遵从，否则其行为被视为违法犯罪行为，将追究法律责任。

二是由 37 家具有参与企业年金基金运营管理资格的法人机构签署，达成协议的《企业年金基金管理机构基本服务和收费标准行业自律公约》（以下简称《公约》）。此行业自律公约于 2011 年 2 月 28 日施行。这项公约的目的主要是针对我国企业年金市场上出现的零费率或变相低收费，扰乱市场秩序的行为，防止恶性的价格竞争，进一步地规范企业年金基金管理机构的服务标准，提高服务质量，规范市场的行为，从而保障企业年金市场健康、有序发展，维护受益人权益。经 37 家机构的协商，约定了企业年金基金管理机构的基本服务与收费标准。但它仅适用于企业年金单一计划，而对集合计划服务内容和收费标准另行约定。公约约定的是对于管理费率的下限，即不得低于受委托管理的企业年金基金财产净值的百分比，并且对于基金净值达到一定规模的单个企业年金计划还可以享有 8 折的优惠，即规模在 50 亿元以上或者是账户管理数在 30 万户以上的，可以享受该优惠。与《管理办法》相比，该《公约》只是行业中的机构共同协商约定的，这些约定不具备法律的约束力和强制实行力，无法对每一个参与企业年金基金运营的管理服务主体都要求其必须严格遵从，只能靠企业的信用以及自身在行业中的商誉来约束自己的行为。

2. 参与主体的管理费率分析

以下将分别对受托人、账户管理人、托管人、投资管理人的管理费率范围进行具体的说明。

（1）受托人的管理费率。《管理办法》明确规定了受托人年度提取的管理费不高于受托管理企业年金基金财产净值的2‰；《公约》中约定了受托管理费自企业年金基金受托财产进入受托财产托管账户之日起，根据受托财产净值和合同约定的受托费率按日计提，按季支付。受托费的最低下限是有规定的，要求其不低于企业年金基金财产净值的0.1%，该比例的具体确定是综合考虑基金财产规模等要素的。由此，对于单个企业年金计划，受托人的管理费率的范围是［0.1%，0.2%］，特别情况下，单个企业年金计划基金财产在50亿元以上的，其管理费率范围是［0.08%，0.2%］；对于集合计划来说，下限是不确定的，将由企业与受托人在委托合同中进行确定，但是上限都是确定的，不高于0.2%。

（2）账户管理人的管理费率。在《管理办法》中，账户管理人履行职责和提供的服务是，对企业年金中个人和企业的两个账户，记录基金单位净值，其时间间隔的要求是每周或者每日。在其提供服务的同时，也应获取享有的报酬，由企业按照每月每户不超过5元进行支付。

而《公约》中约定了受托人应协助账户管理人向企业按时收取账户管理费，对于单个的年金计划，按月计提，按季度或年度支付。当结算时的时间不是恰好在季度末或年度末时，需按实际提供服务的时间支付报酬，对于单个账户，不低于 1 元/月/户，以此作为管理费率的下限。由此，账户管理人的管理费率的范围是 [1 元/月/户，5 元/月/户]，特别情况下，单个企业年金计划账户管理数在 30 万户以上的，其管理费率范围是 [0.8 元/月/户，5 元/月/户]；对于集合计划来说，下限是不确定的，将由受托人与账户管理人在受托合同中进行确定，但是上限都是确定的，不高于 5 元/月/户。

（3）托管人的管理费率。《管理办法》明确规定了托管人计算管理费时是按照受托管理企业年金基金财产净值进行计算的，托管人由于提供财产管理的服务，其获得报酬不得高于该净值的 0.2%，以此作为受托人管理费率的上限。《公约》中约定了托管费的计算开始时间是受托财产进入受托财产托管账户之日，计算方法是按照当日受托财产净值和约定的年托管费率，按日计提，按季支付。托管费率规定最低标准，下限是不低于企业年金基金财产净值的 0.07%，该比例的具体确定需要综合考虑基金财产规模与投资组合的数量。由此，对于单个企业年金计划，托管人的管理费率的范围是 [0.07%，0.2%]，在特殊情况下，单个企业年金计划基金财产在 50 亿元以上的，其管理费率范围是 [0.056%，0.2%]；对于集合计划来说，下限是不确定的，将由受托人与托管人在受托合同中进行确定，但是上限都是确定的，不高于 0.2%。

（4）投资管理人的管理费率。《管理办法》明确规定了投资管理人提取的管理费不高于投资管理企业年金基金财产净值的 1.2%，以此作为受托人管理费率的上限。《公约》中约定对固定投资管理费根据投资组合净值和约定的年投资管理费率，按日计提，按季支付，其提取的管理费率与其投资组合及规模等因素有关，含权益类产品投资型的（权益类 0~30%），不低于企业年金基金财产净值的 0.6%；不含权益类产品投资型的（除申购新股外，权益类主动投资 0），不低于企业年金基金财产净值的 0.3%，以此作为管理费率的下限（见表3-1）。由此，对于单个企业年金计划中，投资管理人对权益类产品的管理费率的范围是 [0.6%，1.2%]，投资管理人对不含权益类产品的管理费率的范围是 [0.3%，1.2%]。特别情况下，单个企业年金计划基金财产在 50 亿元以上的，其管理费率范围分别是 [0.48%，0.2%] 和 [0.24%，1.2%]；对于集合计划来说，下限是不确定的，将由受托人与投资管理人在受托合同中进行确定，但是上限都是确定的，不高于 1.2%。

表3-1　企业年金基金主体管理费率的比较

	《管理办法》	《公约》
执行时间	2011 年 5 月至今	2011 年 2 月至今
适用范围	企业年金基金的受托管理、账户管理、托管、投资管理以及监督管理	仅适用于企业年金单一计划，而对集合计划服务内容和收费标准另行约定
受托人	≤0.2%	按日计提，按季支付；≥0.1%
托管人	≤0.2%	按日计提，按季支付；≥0.07%
投资管理人	≤1.2%	含权益类产品：≥0.6% 不含权益类产品：≥0.3%
账户管理人	≤5 元/月/户	按月计算，按季度或按年度支付 ≥1 元/月/户
是否可调整	政府监督机构可对其进行适当调整	资产规模超过 50 亿元或者账户数量超过 30 万户的计划，有八折优惠

3. 运营过程的管理费率范围

通过以上的分析，对于单个年金计划来说，在一般情况下，受托人的管理费率的范围是受托管理企业年金基金财产净值的 [0.1%，0.2%]；托管人的管理费率的范围是受托管理企业年金基金财产净值的 [0.07%，0.2%]；投资管理人的管理费率是针对其所投资管理企业年金基金财产净值进行收费的，由于投资产品类型的不同（有两种类型），对权益类产品的费率范围是

[0.6%，1.2%]，对不含权益类产品的费率范围是 [0.3%，1.2%]；账户管理人的管理费率的范围是 [1 元/月/户，5 元/月/户]。在整个运营过程中，对权益类产品的管理费率的范围是 [0.77%，1.6%]；对不含权益类产品的管理费率的范围是 [0.47%，1.6%]。

在特殊情况下，基金的管理费率可享有优惠。具体如下：

（1）单个企业年金计划基金财产在 50 亿元以上的，受托人、托管人和投资管理人的管理费率的下限享有优惠，而账户管理人的费用不变。即受托人的管理费率的范围是受托管理企业年金基金财产净值的 [0.08%，0.2%]；托管人的管理费率的范围是受托管理企业年金基金财产净值的 [0.056%，0.2%]；投资管理人对权益类产品的管理费率范围是管理财产价值的 [0.48%，1.2%]，对不含权益类产品的管理费率的范围是 [0.24%，1.2%]；账户管理人的管理费率的范围是 [1 元/月/户，5 元/月/户]。在整个运营过程中，对权益类产品的管理费率的范围是 [0.616%，1.6%] 以及 [1 元/月/户，5 元/月/户]；对不含权益类产品的管理费率的范围是 [0.376%，1.6%] 以及 [1 元/月/户，5 元/月/户]。

（2）单个企业年金计划账户管理数在 30 万户以上的，账户管理人的管理费的下限享有优惠，范围是 [0.8 元/月/户，5 元/月/户]，而受托人、托管人和投资管理人的管理费不变。在整个运营过程中，对权益类产品的管理费率的范围是 [0.47%，1.6%] 以及 [0.8 元/月/户，5 元/月/户]；对不含权益类产品的管理费率的范围是 [0.77%，1.6%] 以及 [0.8 元/月/户，5 元/月/户]。

（3）单个企业年金计划基金财产在 50 亿元以上的，且账户管理数在 30 万户以上的，受托人、托管人和投资管理人的管理费率的下限享有优惠，而账户管理人的费用也享有优惠。即受托人的管理费率范围是管理财产净值的

[0.08%，0.2%]；托管人的管理费率的范围是受托管理企业年金基金财产净值的 [0.056%，0.2%]；投资管理人对权益类产品的费率范围是投资管理财产净值的 [0.48%，1.2%]，对不含权益类产品的费率范围是 [0.24%，1.2%]；账户管理人的管理费率的范围是 [0.8元/月/户，5元/月/户]。在整个运营过程中，对权益类产品的总的管理费率的范围是 [0.616%，1.6%] 以及 [0.8元/月/户，5元/月/户]；对不含权益类产品的管理费率的范围是 [0.376%，1.6%] 以及 [0.8元/月/户，5元/月/户]。总结如表3-2所示。

表3-2 企业年金基金管理费率范围总结

		一般情况	特殊情况		
			基金财产在50亿元以上	账户管理数在30万户以上	基金财产在50亿元以上且账户管理数在30万户以上
受托人		[0.1%，0.2%]	[0.08%，0.2%]	[0.1%，0.2%]	[0.08%，0.2%]
托管人		[0.07%，0.2%]	[0.056%，0.2%]	[0.07%，0.2%]	[0.056%，0.2%]
投资管理人	权益类	[0.6%，1.2%]	[0.48%，1.2%]	[0.6%，0.2%]	[0.48%，0.2%]
	非权益类	[0.3%，1.2%]	[0.18%，1.2%]	[0.3%，1.2%]	[0.18%，1.2%]
账户管理人		[1元/月/户，5元/月/户]	[1元/月/户，5元/月/户]	[0.8元/月/户，5元/月/户]	[0.8元/月/户，5元/月/户]
总计	权益类	[0.77%，1.6%]+[1元/月/户，5元/月/户]	[0.616%，1.6%]+[1元/月/户，5元/月/户]	[0.77%，1.6%]+[0.8元/月/户，5元/月/户]	[0.616%，1.6%]+[0.8元/月/户，5元/月/户]
	非权益类	[0.47%，1.6%]+[1元/月/户，5元/月/户]	[0.376%，1.6%]+[1元/月/户，5元/月/户]	[0.47%，1.6%]+[0.8元/月/户，5元/月/户]	[0.376%，1.6%]+[0.8元/月/户，5元/月/户]

三、投资限制

投资类型和比例的限制直接关系着企业年金基金运营的整体收益，并直接关系着投资管理人能够进行的投资组合和利用的金融工具，由于投资管理人的收益是由固定的管理费率和绩效两部分组成的，所以投资类型和比例约束了投资人进行高风险决策的行为，也对其职业道德和专业能力进行了对等的要求，在有效管控风险的同时，在一定程度上制约了企业年金基金投资的收益率。在投资运作过程中，需要资产执行的托管人对其投资决策进行审核，并接受受托人对其的监督。

我国企业年金基金的收益是受到投资内容与投资组合类型的限制的，对此进行规范的文件是 2011 年 5 月 1 日施行的《企业年金基金管理办法》。

四、风险准备金

风险准备金是从投资管理人当期收取的管理费中所提取的，由此可以看出，风险准备金主要的影响对象是投资管理人，当其投资决策导致损失时，该项资金是用于弥补亏损的，不得用于其他用途。风险准备金的设立直接影响了投资管理人的收益，使其在进行投资决策时能够更为谨慎，从而有效地管控风险，现有的规定提取比例是 20%，托管银行进行专户存储，独立管理，投资管理人无法直接接触。当投资人受到诱惑，选择发生违规行为时，提取比例的多少能够直接影响投资管理人对获得收益的期望权衡，若提取的储备金远低于冒险所获得报酬时，对投资人进行违规的行为是无法约束的；若该比例过高，也会使投资管理人投资过于谨慎，无法为受益人带来合理收益。过高或过低的提取比例都会使风险准备金的作用无法实现。我国规定余额达到投资管理企业年金基金财产净值的 10% 作为提取总量的标准，之后将停止提取。

五、市场竞争性

1. 企业年金市场的需求与供给

从近 15 年的企业年金基金累计规模来看，从 2006 年的 910 亿元增长到 2020 年的 22497 亿元，增幅为 158.15%；参与员工人数也由 964 万人增加到 2718 万人，增加了 1754 万人，增幅为 181.95%，年均增长率达 13%；参与企业的数量由 2.4 万户上升到 10.52 万户，增加近四倍。面对如此迅猛增长的企业年金需求量，企业在选择提供企业年金基金管理服务的金融机构时，可以参考该机构以前的企业年金管理业绩情况，包括收益的高低和稳定性，选择具有信用评级较强，运营能力较强（汪琳，2007），具有企业年金基金的运营经验，还要结合其以往监督机构所进行的监督管理记录，综合以上的因素选择适合的金融公司作为管理人。企业和职工在选择服务机构时，应结合自己的状况，针对企业的行业地位、基金规模等在供求市场上具有不同的议价能力。对选择的服务类型和质量要求会有所不同，都将影响收益的最终分配。

在企业年金基金运营管理的供给市场上，劳动和社会保障部从 2005 年开始正式受理主体资格的申请，同年，公布了首批能够参与市场的 37 家企业（见附录一），并在 2007 年公布了第二批可以进入市场的 24 家机构（见附录二）。可以看出，并不是所有金融机构都可以参与其中，其进入是受到严格管制的，具有很强的进入壁垒。经过两次批准共发放了 61 个牌照，只有基金公司、保险、证券、信托和银行五种类型的机构能够参与，对主体类型及其所能介入的各类金融机构类型和数量总结如表 3-3 所示，图中"+"表示第二批批准的主体资格。

表 3-3　企业年金基金管理机构分类

单位：家

	托管人	受托人	投资管理人	账户管理人	合计
基金管理公司			9+4		13
保险公司		+3	4+2	4+4	17
证券公司		2	2		4
信托公司		3+1		2	6
银行	6+4	+3		5+3	21
总数	10	12	21	18	61

可以发现，我国已拥有获得多牌照的金融机构，从而多个业务就可由一个机构来提供，也就是说，提供四类服务的机构数量可以大大减少。而现实中，也是以多牌照金融机构为主体的由 2~3 家企业年金管理机构合作的模式为主的，这样既能适度降低运营成本，又能控制风险。但这样所形成的多牌照企业年金基金管理机构主导模式很容易导致合作机构之间形成稳定的联盟，使企业年金市场集中度提高，没有进入联盟的企业年金基金管理机构生存空间就会受到挤压，不利于市场竞争（郭炳利，2011；郭磊和苏涛永，2012）。企业间形成的联盟增加了企业年金在外部进行监管的难度，同时也加强了其对委托人在谈判时的议价能力，在地位上更具有优势。因此监管部门需要对提供企业年金基金管理服务主体之间结成的合作类型进行审慎考察，协调各方利益，推动企业年金市场良性发展。

2. 参与主体资格的进入和退出机制

在 2004 年的《管理试行办法》中对违规行为只提出了整改的要求，该办法中并没有对其资格退出做出明确的规定，只是对其停止业务活动，给予较高处罚和限期改正。而在 2011 年的《管理办法》中，明确规定对于违法行为、处理结果以及改正情况予以记录，使其有备可查，避免服务机构一直犯错误，产生只要不犯大错，小错不断是可以的侥幸心理，对违规引起足够的重视。对违规行为的处罚办法，要求数量达到 3 次以上或者 1 次责令不改的，在资格到期之后 5 年内，不再受理其开展业务的申请。

由此可以看出，我国对企业年金计划相关主体的准入限制，在 2005 年和 2007 年两次确认了能够参与企业年金基金运营的机构资格和数量，发放了确定数量的金融机构准入牌照，对于刚起步进入可操作的企业年金基金发展阶段，在一定程度上能够起到保护企业年金基金资产安全的作用，对市场主体服务水平和能力有一定程度的保障，不至于参差不齐，扰乱市场秩序，让受益人在一开始就受到重大损失，失去参与积极性。但同时也应建立对参与企业年金基金的管理机构，即参与企业年金基金运营的主体，进行相对应的监督，对其违规行为进行有效的惩罚，对于具有严重情况的设立退出机制，淘汰职业素养不合格、不能与时俱进的企业，从而保持市场活力。这些管理机构如果因违法、违规以及违反合同等不当的行为造成损失，应对其进行相应的处理，对犯错的次数、性质等信息进行记录并公开，在事后对受益人进行赔偿，同时另其承担相应的责任。这些处罚需要有一定的力度，能够震慑主体在运营过程中的侥幸心理，减少不当行为，严格把控服务质量。同时通过信息披露等方式，使受益人和委托人可以根据这些信息有效地选择提供服务的机构，以市场机制自主地影响主体行为。由于受益人是企业年金基金的最终受益人，在明确对罚金的归属性的同时，还应加强受益人参与监督的积极性，使其从真正意义上能够代表自己的利益参与到运营过程中，所以为其设立畅通的法律诉讼渠道也是必要的。

第三节　我国企业年金基金运营
收益协同的特性与模式

本节将协同理论同企业年金基金运营过程有机结合，运用协同理论分析企业年金运营系统中各个功能子系统内部之间的影响关系，以及它们与外部环境的交互关系，进而阐述在我国企业年金基金运营过程中产生协同效应的基本条件及其形成协同收益的特征。结合我国的外部环境限制与内部要素的共同影响，进一步分析其在主体间协同合作的过程与方式，以及其在法律关系选择上的协同发展模式。

一、企业年金基金协同运营的动力

在企业年金基金运营系统中，外部驱动力主要是国家对养老保障体系建设的要求，我国实施多元化的养老结构，企业年金作为第二支柱，其发展是受到政府重点关注和推动的，因此形成了运营企业年金的巨大市场需求，具有能够支撑这项需求或者具有某些资源或能力的企业则会自发地结合，开发相对应的产品或服务提供给市场，从而快速地响应市场需求。

就内部驱动力来说，承担不同功能结构的企业之间是依靠价值而结合的，参与企业年金基金运营的主体的各自收益更是它们所关心的。收益的影响因素包括：一是各主体都是在追求各自的利益最大化，从而在行为上可能会出现损害企业年金基金整体运营的行为，如投资管理人与托管人串谋，发生寻租等行为，造成投资损失。企业年金基金若不能达到保值的目的，更何谈增值，这就需要加强内部的信息交流和披露及提高职业道德，更主要的是能够确定合理的收益分配方案，并配合有效的监督和处罚，从根源上减少主体的消极行为，激励主体为企业年金基金运营的收益做出积极行为。二是这些主体联合在一起的目的是为了获得收益、价值和市场地位。从根本上来说，就是这些具有单一功能的主体在企业年金所生成的价值链，按照一定的顺序结合从而提供完整的管理投资服务，从而获得各自的利益。在这种协同的过程中，每个主体都能选择自己最擅长的部分，通过与别的具有能提供自己无能力或收益不高业务的主体进行合作，实现了业务上的互补和资源的共享，从而使整体的利益大于单个利益之和。也就是说，依靠企业年金基金运营这一条价值链而结成的企业协作，只有整体即整个企业年金基金能够持续性运营，并且规模在不断扩大的情况下，各主体才能在这一产业链上获得持续性的价值，并不断壮大。主体通过采取不同的方式来获得更多的收益，如提升自身的专业能力来增加贡献，或者提高在利益分配中的谈判筹码，也可以通过整合业务或者是并购等方式，减少内部协作间的交易成本等方法来增加价值，缩短产业链，并提升所处的地位。因此，要从文化以及战略发展的角度，规划企业年金基金运营的各个参与主体的全局协作理念和正确积极的收益分配方法，加强企业间的合作与交流，充分实现资源的共享和利用，从而实现"1+1>2"的目标，增加每个主体的收益。

二、企业年金基金运营的收益协同特性

1. 系统的开放性

在自组织理论中，系统所涵盖的领域是非常广泛而丰富的。当然企业年金基金运营系统也属于其中之一，要协同发展，就必须要求这个系统是开放

的系统，与外界进行着信息、资金等资源的交换和相互影响。在企业年金基金投资运营中，外界的税收政策对企业和职工参与企业年金计划的积极性有激励作用，能够促进其缴费的数量，从而增加企业年金的总量，增加企业和员工建立的积极性。我国仍然处于企业年金基金的初级发展阶段，就当前情况而言，增加企业年金基金总量的主要方法与途径之一就是增加年金的缴费数量。对于发展年金并增加累计结存量的途径来说，则是提交企业年金基金运营的效率，获得更多投资收益，在这一方面，国家颁布的运营管理条例、合同法、信托法等法律法规的完善，也将对企业年金基金运营环境起到促进作用，规范其合理和合法化的市场化行为，在明确各个参与主体的义务和职能的同时，确保了他们各自利益的获得。

2. 结成新功能结构的自发性

企业年金基金运营系统在外部驱动作用下，产生了需求，从而促使内部的各个参与主体从无序的状态在追求自身利益的驱动下，在内部根据自身具有的资源形成新的功能，并按照一定的结构参与到企业年金基金的运营过程中，主体间自发地形成了一个有序的状态。对于企业年金基金运营这个复杂的系统而言，该系统具有多种功能，如资产管理、账户管理、投资计划和进行投资等。而对很多金融服务企业来说，它们本身就拥有其中的一项或多项功能，如商业银行在账户管理方面具有优势，保险公司在委托管理和资产管理方面具有优势，基金投资公司在资产投资方面具有优势，也具有在资本市场进行实际操作的能力。在我国提出发展企业年金之前，这些金融服务企业本身就是存在的，但却未能够结合在一起形成新的合作和业务联盟，而当市场出现了企业年金这一需求时，国家在政策法规方面给予刺激和约束。也就是说产生了协同发生的条件，此时这些具有独立功能的单个主体按照一定顺序结合，通过业务上的相互衔接并相互协作，提供一个新的、完整的企业年金基金运营的管理服务。即能够在他们之间创造价值上的关联和相互影响，从而形成一条新的价值链，为企业本身带来新的利润来源，并开拓新的市场。在具备了这些条件的基础上，企业年金基金运营系统不一定就能够协同发展，还需要承担这些功能要素的载体——各个企业年金基金的参与主体能够在战略上进行某种整合，才能够保证企业之间协同效应的产生。

3. 平衡状态的恢复性

协同理论认为系统本身就具有在外界或者内部发生改变时，恢复平衡状态的能力，企业年金运营子系统同样具有这种恢复特性。当内外部的环境发生改变时，各个主体间原有的协作和结构将不再适合新的状态，它们将对新的法律法规、功能要求等调整资源的分配，形成新的功能，并在价值链上获得新的地位，以新的状态与其他主体调整合作方式、收益分配和结构等。即主体间自发地改变，以新的结构方式适应新的环境状态，持续不断地在企业年金基金运营中获得收益。这种自组织能力，是能够使一个系统从无序到有序状态的转变机制和驱动力量。在企业年金基金运营系统中，这种自组织能力包括两个部分：一是外部的市场需求和日益完善的规范化要求；二是内部的协作使企业间的价值增值和整合。总体来说，企业年金主体为了追逐持续性的价值和增加自身的企业竞争力，在企业年金市场占有一席之位，在参与企业年金基金运营过程中都会自发地结成某种联盟而进入到该行业中，并通过自身的资源优势以及竞争的逐利性而自动提升核心价值，占据有利的谈判地位。

4. 序参量的集结性

企业年金基金运营系统的形成，是由于各个主体间通过合作和资源的共享，对整个运营系统的运动发展贡献了力量，形成了序参量，使其向着每个主体都能够获得更多收益的方向不断调整变化，通过各自提供的服务在运营的价值链上获得各自的报酬，形成了一定的自组织结构和功能。在企业年金基金的运营系统中，需要完成账户管理、投资决策、进行投资和核查各项工作等多个功能要求，也就是该系统中的各个内部要素，由于不同的国家法律制度的约束和市场状况，这些内部要素则通过不同的企业或单位来承担相对应部分的功能。即具有某种相对应功能的企业年金基金的运营主体，通过对价值的追求而联系在一起，在业务上相互衔接，共同完成企业年金基金的投资运营，从而形成了一条完整的价值链。由于各自的经营优势或专业特性，他们可以在价值链上进行开发和整合，从而可以不同的形式组合在一起，形成不同的主体协同类型。

应该着重指出的是，这里所说的企业年金基金运营系统都是由多个参与主体构成的，这些主体可以只提供单一功能，也可以是同时提供多个功能，当这些主体构成的子系统之间相互关联，在价值链上引起强烈协同作用时，就意味着这些主体在企业年金基金运营系统的内部已经自发地组织起来了，这时该运营系统就处在自组织状态，按照一定的顺序进行业务的衔接并达成收益分配协议，形成一个总的供给方，整体上便具有提供完整的企业年金基金运营管理投资的功能（Davis，1995）。

三、企业年金基金收益的主体协同运作方式

1. 我国企业年金基金运营的主体协同过程

企业年金基金按照国家规定投资运营，并接受监管。通过投资运营所产生的收益也将并入基金中，这些产生的收益会以再投资的形式并入基金本身，进而产生更大的回报。因此，企业年金运营的资金来源一共由三部分组成，

分别为企业缴费部分、个人缴费部分以及企业年金基金在投资过程中所产生的收益，如图3-3所示。

图3-3 企业年金基金的资金来源

在企业年金基金运营的整个过程中，一共涉及五方当事人，分别是需求方的委托人，以及管理提供服务的四类主体，即受托人、账户管理人、托管人、投资管理人。其中，四类服务管理主体共同参与，分别承担着整体委托、账户管理、基金托管和投资管理的职能，这四类机构构成了企业年金基金的运营主体。按照2011年的《管理办法》规定，作为委托人的企业与员工，与其直接接触并提供服务是受托人，他们之间签订的受托管理合同。受托人与另外的三类服务主体签订委托管理合同，共同合作提供并完成完整的企业年金基金运营的管理服务。他们之间的关系如图3-4所示。

根据我国企业年金基金的法律法规，采用的是基金式的管理方式，职工和企业的每次缴费以及投资所获得收益都将归集到独立的账户上，用于下一次的投资，不断地进行积累，投资所产生的风险也由委托人（也是受益人）自己承担。而当职工到达法定的退休年龄时，可以自主地进行选择，一次性地或者定期地从账户中取得资金。

由图3-4可以明确地看出，企业年金存在着复杂的两层委托代理关系。第一层主要体现在需求方和供给方之间，第二层则是出现在供给方的多个主体之间，它们按照一定的流程，将业务衔接，将各自独立的功能按照不同的

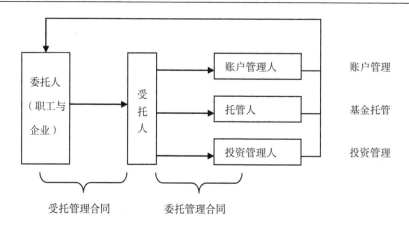

图3-4 参与企业年金基金运营各主体之间的运营关系

结构组合，从而提供完整的企业年金管理服务，在企业年金基金运营的系统中获得各自收益。由于各个主体的经济利益不同，因此为了实现自身利益最大化，各主体会采取不同的决策，当其利益目标与受益人不一致时，其行为很容易就会损害委托方的利益，因此在他们之间的相互制约和监督以及收益分配等要素都会影响服务主体之间所结成的主体协同类型。我国明确规定要求企业年金基金的资产要独立分离管理，实现独立托管人原则，托管人对资产具有实际的执行投资权，而不能做决策，以达到减少和控制欺骗或盗窃的行为，可以拒绝实施违反投资限制和其他规则的交易活动。独立托管人有助于强化审慎性监管（邓大松和刘昌平，2004）。

2. 我国企业年金基金运营的主体协同类型

在整个运营过程中，企业和职工将企业年金委托给受托人，受托人直接与其接触并提供服务，同时他还需要另外的管理服务机构进行管理和监督，因此其处于重要的核心地位，具有纽带的作用。受托人与账户管理人、托管人、投资管理人在外部法规要求和内部收益要素的共同作用下，集结成的主体协同类型可分为全分拆、部分分拆、全捆绑三大类（闫艳明和王涛，2006）。按照我国《企业年金基金管理办法》第六条的有关规定，在一个企业年金计划中，应由不同的人分别担任受托人、托管人和投资管理人，但允许受托人具有多个功能，即可以账户管理、投资管理和受托管理的 3 个职能于一身。

全拆分类型是指受托人在企业年金基金运营过程中只从事受托管理的工作，并因此承担相应的责任，而把剩下的 3 个职能分别委托给三个其他独立的金融机构，令它们承担相应的责任。简单来说，该类型的参与主体为"受托人＋账户管理人＋托管人＋投资管理人"。他们分别由不同的金融机构承担，因此也被称为"1+1+1+1"模式。在该种主体协同类型下四个参与主体金融机构各司其职，由于它们是相互独立的，分工明确并职责清晰，不存在关联关系，实现了四项职能的彻底分离。独立的各主体可以专门集中精力，发挥其优势，提高专业化程度，具有能够有效规避风险的优点，但各主体相互之间的沟通协调缺乏统一管理，因此具有较高的运营成本。同时，由于参与主体较多，各主体之间的沟通及其他管理成本也会相应上升。而这些成本，最终都将会转嫁到企业年金的运营收益上，进而损害受益人的利益。另外，在这种形式下，受托人只从事相对单一的工作，并承担相应的责任，这就将弱化其在企业年金基金治理中的核心地位，同时降低其对其他机构的制约效果。这样显然会极大地增加企业年金基金的运营风险，进而制约其发展。从长远角度来讲，我国要建立发展能够惠及占整个就业人口 75% 以上的企业年金基金制度，这就需要依靠广大中小企业大力的支持，而取得它们支持的重中之重就是成本。全拆分类型的高昂成本，显然不利于我国企业年金市场的深入发展，全分拆在实际操作中不宜被采用。

全捆绑类型是指由一家企业年金基金管理机构为企业提供全部的企业年

金基金管理服务。该类型是企业年金运营集约程度最高的，进而利用这种整体优势，直接为顾客提供全流程的服务，避免责任推脱导致客户满意度下降的情况。此外，在充分发挥资源内部共享和极大提高企业年金基金专业化管理程度的同时，由于参与主体数量的减少，降低了独立主体之间发生的如正式渠道的信息传递成本、时间成本，以及主体间建立协作的考察成本、签约成本等，从而有效地降低年金基金运营成本。这种运营方式的优势在于，当对外时，作为一个主体出现，为企业和职工提供"一站式"服务，而对内时，则实行将各个职能分配给不同部门或子公司的形式，集团下各公司按照各自所长分工合作，具有很强的竞争优势，为客户提供更为便捷和快速的"一站式"服务。由于该类型能够实现规模经济，有利于在短期内迅速扩大企业年金规模。但必须注意的是，在该种类型中，提供服务的金融机构包揽的所有业务，无法实现受托人监督职责的独立性，没有其他机构制衡，不利于保障企业年金基金的安全管理，具有较高运营风险，也提高了监督和防范风险的难度。

部分分拆类型是指一个参与主体可以提供多项服务，从而减少了参与主体的数量，提高了内部沟通和协调，降低了运营成本；另外，不同机构承担各自的职能，能够实现相互制约和监督，从而降低了运营的风险。该种类型是介于全拆分和全捆绑两个极端类型之间的，是中间状态。不同的角色捆绑可以根据提供服务金融机构的优势进行灵活的组合，从而可以形成不同的主体协同方式，账户管理人的职能能够由其他三个职能机构中的某一个承担。

对我国而言，一方面，还没有一家金融机构取得企业年金基金管理的所有牌照，即全部四类主体资格集中在一个机构上；另一方面，即使出现了这一情况，根据托管人必须独立的规定，该机构也只能选择承担部分职能，而放弃另外的服务，即无法提供一站式的全部管理服务。分析我国已获得多张基金管理牌照的金融机构，招商银行和工商银行都具有受托机构资格、托管人资格和账户管理人资格。同时，与这两大银行相关的工银瑞信基金管理有限公司和招商基金具有投资管理人资格。这样，"工银系"和"招商系"便取得了基金运营的全部4张牌照。中信集团旗下的中信信托投资有限责任公司拥有账户管理人牌照和受托牌照，中信银行股份有限公司拥有托管人资格、中信证券股份有限公司有投资管理人资格，这样中信集团也体现出了"全牌照"的特征（郭磊，2009）。对于"工银系"和"招商系"来说，在提供企业年金基金管理服务中想要进行受托业务，就不得不放弃托管业务，而想要进行托管业务，就不得不放弃受托和投资业务。相比之下，中信集团就有很大的不同，由于其内部牌照分散，与法律规定不冲突，就能够进行年金运营的全部业务，为企业提供"一站式"服务，从而实现"全捆绑"式运营。

通过上述分析，我们能够清楚地看出，提供企业年金基金运营管理的主体数量越多，越有利于单个金融机构优势的发挥，由于这些机构是相对独立并分离的，各个机构之间的制衡、监督效果也越好，但是容易产生运营成本高和运营效率低的问题。相反，主体的数量越低，即捆绑程度低时，企业年金的运营成本和运营效率都相对较好，但是由于缺乏机构间的制衡和监督，相应的风险就会增加。因为这个原因，捆绑程度越高，对受托人的要求也就越高。为了平衡成本、效率和风险，在企业年金运营过程中，不宜完全采取全拆分和全捆绑模式。从法律关系上来看，我国现行的企业年金基金运营是不存在全捆绑模式的，因为法规明确要求了托管人必须独立，对基金资产进行分离管理。这里所谓的全捆绑是站在金融控股集团的角度在集团内部进行分工，也有可能作为以后模式发展的可选择方式。也就是说，我国现行的企业年金运用中，托管人必须独立于受托人和投资管理人。结合我国已获得金融牌照的机构类型和数量，选择部分分拆的模式既是企业年金市场发展的客观要求，也是适合我国国情的现实选择。

　　企业年金运营的最大要求就是要让受益人获取收益，而当受托人和投资管理人是同一人时，受托人就很难公允地选择投资管理人，因此，世界上很多国家和地区都规定受托人和投资管理人应该独立。例如，我国香港地区的"强基金条例"就做了明确的相关规定（崔晓霜，2011）。然而，我国目前的企业年金运行办法无此规定，但明确了托管人必须独立于投资管理人与托管人。综上所述，在现有情况下，"1+2+1"（受托人+账户管理人与托管人捆绑+投资管理人）模式，是我国现阶段企业年金运营的最优选择，也是主导的主体协同方式。

四、企业年金基金运营的法律关系协同模式

　　企业年金的需求方和供给方签订协议时所形成的法律关系将会直接影响着整个系统的各个主体的职能划分、责任归属以及其选择的行为。它们之间的法律协同关系一般包括信托型、契约型、公司型和基金会型（何文娟，2007）。其中，信托型和契约型关系中的企业年金理事会不需要具有法人资格和法律能力，企业年金基金的运营主要由外部治理结构（如受托人和金融机构）负责。而公司型和基金会型运营方式则要求年金理事会具有法人资格和法律能力，企业年金基金的运营主要靠内部治理结构（如董事会、监事会和经理人等）负责。这种运营方式要受到《公司法》的约束。信托型是当前国际上的主流模式（林义等，2006）。在这种模式中，企业和职工一起可作为委托人主体出现。企业可以自行对年金进行日常管理，也可以将其委托给具有受托人资格的保险、证券、信托公司或者银行等机构。所有权进行了分离，受托人拥有占有处分权，受托人的职工拥有收益权，世界上采用这种模式的国家较多，并有其他法规与之相互配合。

《企业年金基金管理试行办法》明确规定了企业年金的法律关系为信托型。采用信托进行管理；在信托关系下，企业年金基金的资产是独立的，避免了企业在破产或倒闭时发生的债权债务纠纷，与发起企业一级受托企业的自有资产都是分离的，受托人拥有处分权，对其全权管理。由于信托这种运营方式的制度设计同企业年金的运营管理要求吻合度较高，因此采用该运营方式的我国企业年金具有其独特的优势。首先，信托型运营方式的弹性较大，即能够采取对委托人有益的方式订立，且委托人有权利对受托人进行选择，进而实现对年金基金的有效控制。其次，信托型运营方式也能够很好地保护职工的权益，如根据法规要求，信托财产应该独立于企业资产，这样分开的形式更加符合企业年金资金安全的要求，同时，也能够有效地保障受益人权益的实现。综上所述，信托制度因其财产安全性和灵活性，使我国选择其为我国企业年金基金的基本运营方式具有科学性和合理性。然而实行信托的运作方式受到我国文化背景（刘春华，2000）、其他配套的相关法规以及信用环境的影响，信托能够在西方国家得以有效地实施和利用，主要是与其英美法系的制度相吻合，而我国属于大陆法系，在所有权方面的法律制度无法与信托所匹配。由于信托是基于信任而产生的，所以其发挥作用与外部的信用环境是直接相关的，而我国自改革开放以来，经济在快速发展的同时，人们传统的价值观、道德观也在发生变化，削弱了信用基础，信用缺失已经成为制约我国市场经济发展的严重障碍（哈斯其其格，2010），从而阻碍了我国企业年金基金以信托的方式进行发展。

本章小结

本章从系统的角度出发，结合协同理论构建了我国企业年金基金运营协同理论框架模型，阐述了企业年金基金协同运营的产生条件和该系统协同运营的含义，明确了以协同理论指导我国企业年金基金运营的必要性和重要价值。由于收益贯穿运营的全过程，因此从收益来源、管理费率、投资类限制、风险准备金和市场竞争性五个方面对影响其收益协同的要素进行分析。在此基础上，研究我国现阶段企业年金基金运营收益协同的动力和特征；结合目前我国的政策和市场现状，研究我国参与企业年金基金运营的主体协同过程和协同方式，得出以部分拆分为主流，全捆绑为未来发展形式的主体协同方式；以法律关系的视角，参照我国现行法律法规分析我国确定采用的信托型协同模式的优缺点。

第四章　企业年金基金运营主体协同模型研究

第一节　基于博弈的主体协同模型构建

一、主体协同目标

部分拆分的主体协同方式，即受托人、投资管理人和托管人相互独立，具有能够发挥金融机构的优势，在提高效率的同时，兼顾风险，实现基金资产的独立，这是我国现阶段企业年金运营的主流主体协同方式（潘莉，2004；刘洁，2008；俞传保，2011）。作为构建多主体协同模型的研究对象，目标是各个参与主体能够尽可能地履行各自的责任，使整个企业年金基金的运营质量最大化，也就是达到全局最优。具体来说，就是希望受托人尽可能地履行监管的责任，维护委托人的合法权益；投资管理人遵守职业道德，认真做出合理并有利于受益人的市场投资决策；托管人作为基金资产的名义拥有者，检查投资管理人决策，并快速正确地执行市场投资行为。

　　参与运营的主体之间通过协同合作为企业年金基金能够运营提供服务，在这个过程中获得收益。而在现实中，企业年金基金的委托人、受托人、投资管理人和托管人，分别是由具有不同利益的主体承担的，由于这些机构更为关心的是自身收益，追求的是自身利益的最大化，当其与企业年金基金的委托人利益存在冲突时，这些管理机构会做出不利于企业年金委托人的行动，在运营中产生风险，而发生损失将由受益人承担，从而影响了企业年金基金的整体运营。对于受托人而言，在信托制度下，其与受益人的利益是一致的，能够切实地履行其监督和管理的职责，但是在我国的文化背景、法律建设和信用环境下，并不能从真正意义上实现信托职能。受托人更多地考虑自身的利益监督成本及与其他管理结构结成服务联盟等方面，有可能使其减少监督成本，降低监管的力度，或者不进行监督。投资管理人是做出投资决策的，并不对资产具有执行权力，而托管人却相反，两者之间具有共谋发生寻租行为的可能性。当两者在增进自身利益的最大限度时，很可能发生寻租行为，如用企业年金基金的资产进行关联交易，大量购买母公司发行的股票；企业年金基金的投资管理人为了追求较高的投资业绩采取了冒险投资行为，违反了我国对企业年金基金投资比例的限制；动用企业年金资产为其控股公司在新股的承销、配股等过程中输送利益；为介入利益相关公司的治理而大量购买利益相关公司的股票；动用基金资产为关联公司提供信用担保或提供贷款，从而在关联公司获得好处等行为（何伟和汤剑，2006）。投资管理人和托管人是否选择共谋，他们会平衡总体的利益得失，即在获得的寻租利益与是否会被监管发现进行处罚所受到的损失之间进行权衡。由此，寻租行为与监管行为形成了博弈过程。

　　所以在研究企业年金基金协同运营的主体行为时，主要包括对受托人的监督行为和监督质量以及投资管理人与托管人之间的寻租行为，他们三者之间的行为选择是一个博弈过程。作为企业年金基金的受益人，对于企业年金基金运营的目标是各主体能够尽可能地履行自己的职责，减少违约行为的发生。

二、模型原理

由于我国企业年金采用信托的方式，因此受托人在企业年金基金运营中处于核心位置，对基金财产的安全负全责，且与委托人的利益是一致的。而投资管理人和托管人都是受托人的代理人，托管人将对投资管理人所提出的投资决策负有监督的责任，需要审核投资决策是否符合规定、是否有关联操作以及是否有重大风险，托管人在实际的资产投资中，可能会选择尽职的履行职责和义务，从而保证企业年金资产的安全，维护受益人的利益；但也有可能会选择不履行职责，与投资管理人共谋发生寻租行为，追求自身利益最大化。

在企业年金基金资产的投资过程中，由于账户管理人主要是对基金资产的变动情况进行记录，准确地记录账户情况，但是与投资管理人和托管人之间的关系并不密切，对此处的研究结论影响较小，因此对账户管理人不加以讨论。在投资过程中，如果在投资管理人和托管人选择共谋，发生寻租行为，则两者产生了合作博弈关系（路锦非，2009），当发生损失时，将会损害受益人的最终利益。在信托关系中，这一损失也可以看作是受托人的损失。在企业年金基金投资运营过程中，若是希望减少托管人和投资管理人之间寻租行为发生的可能性，受托人就必须要采取一定的监督和处罚措施，起到约束和防止寻租行为的产生，保护受托人和受益人的切身利益，将损害程度尽可能地减小。从而构成三方主体的博弈行为，即企业年金基金的受托人、投资管理人和托管人之间存在的博弈关系。

三、模型构建

在企业年金基金的投资环节，托管人是企业年金基金财产的名义持有人，对资产进行实际的投资操作，而投资管理人是企业年金基金资产的专业投资机构，不能直接接触资产，只能对资产的投资做出决策，将信息传递给托管人，由托管人执行。因此托管人和投资管理人之间存在着共谋的可能性，两者之间有寻租或不寻租两种可供选择的策略。对应托管人和投资管理人的选择，受托人可以选择监督和不监督作为相应的策略。将监督的结果定义为查出寻租或未查出寻租，当查出寻租行为时，受托人将对托管人和投资管理人进行适当的惩罚，并获得相应的处罚收益。他们各自的决策选择如图4-1所示。

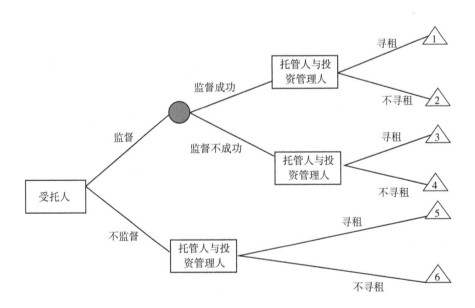

图4-1　基于三方博弈的决策

对受托人、投资管理人和托管人在投资过程中选择的策略以及他们各自获得的收益，设定相应的模型参数。本书假设当 3 个主体都尽职地履行自己的责任时，他们的收益值都为 0，没有获得额外的收益。受托人选择监管策略的可能性用 δ 表示，由于监管行为的产生，受托人要付出相应的成本，用 C 表示；对应于受托人的行为选择，投资管理人和托管人也会权衡，选择是否进行寻租，两者发生寻租的概率用 η 表示，在这种情况下，投资管理人可以获得的超额利润，用 P 表示，对资产进行实际操作行为的托管人能够从投资管理人处获得相应的报酬，即租金，用 $R(R < P)$ 表示；由于寻租行为的产生将会带来的损失用 mP 表示，m 表示的是因寻租行为所带来的受托人损失系数，与在现行的企业年金基金管理办法中，要求投资管理人要抽取一定比例的风险补偿金有关，该风险补偿金是用于补偿其所带来的损失。针对投资管理人和托管人的寻租行为，如果受托人在付出监督成本选择监督的情况下，会产生两种可能的结果，即监督成功和不成功，设监督成功的可能性为 γ。在监督成功的情况下，即受托人能够发现投资管理人和托管人发生寻租行为，可以对托管人进行处罚，获得的收益为 $f_1 R$，在这里将其简化为线性函数，f_1 是受托人对托管人收取租金的处罚系数；并对投资管理人进行处罚，获得的收益同样简化为线性关系 $f_2(P - R)$，f_2 是受托人对投资管理人进行违规行为获得超额收益的惩罚系数。因此对应于受托人、投资管理人和托管人在投资过程中可能进行的行为选择，在图 4-1 中会产生 6 种不同的状态，3 个主体在这 6 种状态下所获得的收益如表 4-1 所示。

表4-1 托管人、投资管理人和受托人在不同状态下的收益表

			投资管理人与托管人	
			寻租	不寻租
受托人	监督	监督成功	$-f_1R$, $-f_2(P-R)$, $f_1R+f_2(P-R)-C$	$0, 0, -C$
		监督不成功	$R, P-R, -mP-C$	$0, 0, -C$
	不监督		$R, P-R, -mP$	$0, 0, 0$

对受托人来说，在不能确定投资管理人是否会选择发生寻租的情况下，其博弈行为是选择监督和不监督，对应的期望收益如下：

$$E_1 = \eta\{[f_1R+f_2(P-R)-C]\gamma+(-mP-C)(1-\gamma)\}+$$
$$\{1-\eta[-C\gamma-C(1-\gamma)]\}$$

$$E_2 = \eta(-mP)+(1-\eta)\times 0 = -\eta mP$$

根据博弈模型，当 $E_1 = E_2$ 时，达到纳什均衡，此时托管人和投资管理人选择进行寻租活动的概率如下：

$$\eta^* = \frac{C}{f_1R\gamma+f_2(P-R)\gamma+mP\gamma} \tag{4-1}$$

对于托管人来说，他会根据受托人是否进行监管行为而权衡自己收益的多少选择寻租和不寻租两种策略，对应的期望收益分别为：

$$E_3 = \delta[-f_1R\gamma+R(1-\gamma)]+(1-\delta)R$$

$$E_4 = 0$$

根据博弈模型，当 $E_3 = E_4$ 时，托管人达到纳什均衡，此时受托人进行监督的概率如下：

$$\delta^* = \frac{1}{\gamma(1+f_1)} \tag{4-2}$$

对于投资管理人来说，同样会根据受托人是否进行监督行为来权衡自身获得的利益，选择寻租和不寻租两种策略，对应的期望收益分别为：

$$E_5 = \delta[-f_2(P-R)\gamma + (P-R)(1-\gamma)] + (1-\delta)(P-R)$$

$$E_6 = 0$$

根据博弈模型，当 $E_5 = E_6$ 时，投资管理人达到纳什均衡，此时受托人进行监督的概率如下：

$$\delta^{**} = \frac{1}{\gamma(1+f_2)} \tag{4-3}$$

结合上述分析，构建投资管理人、托管人和受托人的博弈模型，求得的混合策略纳什均衡解如下：

$$\{\eta^*, \delta^*\} = \left\{\frac{C}{f_1 R\gamma + f_2(P-R)\gamma + mP\gamma}, \frac{1}{\gamma(1+f_1)}\right\} \tag{4-4}$$

$$\{\eta^*, \delta^{**}\} = \left\{\frac{C}{f_1 R\gamma + f_2(P-R)\gamma + mP\gamma}, \frac{1}{\gamma(1+f_2)}\right\} \tag{4-5}$$

四、模型改进

以上对受托人监督成功的概率 γ 和受托人进行监督成本 C 的分析都是假设独立进行的，但是在现实中他们并不是完全独立的，而是具有相关性，监督成本在一定程度上代表着监督力度的强弱，会影响监督的质量和效果，从而影响监督成功的概率。所以 γ 和 C 在一定范围内是有关联的，可以建立一个两者之间的函数关系 $\gamma = f(C)$。

设当 C 在变化，γ 与 C 呈正相关，并具有如下的函数关系：

$$\gamma = f(C) = \beta_0 + \beta_1 C + \beta_2 C^2 + \beta_3 C^3 + \cdots + \beta_n C^n \tag{4-6}$$

不妨先考虑 γ 与 C 呈正相关的情形，设某个局域内即：

$$\lambda = f(C) = \beta_0 + \beta_1 C \tag{4-7}$$

其中，$\beta_1 > 0$。

将式（4-7）代入式（4-1）可得到新的三方博弈混合策略纳什均衡解

计算公式如下:

$$\eta^* = \frac{C}{\gamma} \frac{1}{f_1 R \gamma + f_2(P - R)\gamma + mP\gamma}$$

$$= \frac{C}{(\beta_0 + \beta_1 C)[f_1 R + f_2(P - R) + mP]}$$

$$= \frac{C}{(\beta_0 + \beta_1 C)} \frac{1}{[f_1 R + f_2(P - R) + mP]} \tag{4-8}$$

将式 (4-7) 代入式 (4-2) 可得到新的公式如下:

$$\delta^* = \frac{1}{\gamma(1 + f_1)} = \frac{1}{(\beta_0 + \beta_1 C)(1 + f_1)} \tag{4-9}$$

将式 (4-7) 代入式 (4-3) 可得到新的公式如下:

$$\delta^{**} = \frac{1}{\gamma(1 + f_2)} = \frac{1}{(\beta_0 + \beta_1 C)(1 + f_2)} \tag{4-10}$$

从而得到新的三方博弈混合策略纳什均衡解如下:

$$\{\eta^*,\ \delta^*\} =$$

$$\left\{ \frac{C}{(\beta_0 + \beta_1 C)} \frac{1}{[f_1 R + f_2(P - R) + mP]},\ \frac{1}{(\beta_0 + \beta_1 C)(1 + f_1)} \right\}$$

$$\tag{4-11}$$

$$\{\eta^*,\ \delta^{**}\} =$$

$$\left\{ \frac{C}{(\beta_0 + \beta_1 C)} \frac{1}{[f_1 R + f_2(P - R) + mP]},\ \frac{1}{(\beta_0 + \beta_1 C)(1 + f_2)} \right\}$$

$$\tag{4-12}$$

第二节　变量灵敏性分析

通过对比原来的模型结果和改进后的模型结果，在分析除监督成本 C 和监督成功概率 γ 以外的其他独立变量时，它们对结果的影响是相同的，为了简化书写，在对独立变量进行灵敏性分析时，仍用字母 C 和 γ 表示，不用表达出监督成本与监督成功概率之间的函数关系。在这里进行的变量灵敏性分析研究的是当自变量发生变化时，所引起的因变量的变化及其变化趋势。

一、独立变量的灵敏性分析

1. f_1 对 η 和 δ 的灵敏性分析

根据上述结果，可得到均衡时，投资经理人发生寻租的概率如下：

$$\{\eta^*, \delta^*\} = \left\{\frac{C}{f_1 R\gamma + f_2(P-R)\gamma + mR\gamma}, \frac{1}{\gamma(1+f_1)}\right\} \quad (4\text{-}13)$$

为了更好地了解受托人对托管人的惩罚系数 f_1 的影响程度，将式(4-1)、式（4-2）和式（4-3）求偏导数，可得：

$$\frac{\partial \eta^*}{\partial f_1} = -\frac{CR\gamma}{[f_1 R\gamma + f_2(P-R)\gamma + mR\gamma]^2}$$

$$\frac{\partial \delta^*}{\partial f_1} = -\frac{\gamma}{[\gamma(1+f_1)]^2}$$

$$\frac{\partial \delta^{**}}{\partial f_1} = 0$$

由于 $CR\gamma > 0$，$[f_1R\gamma + f_2(P-R)\gamma + mP\gamma]^2 > 0$，且 $[\gamma(1+f_1)]^2 > 0$，可得：

$$\frac{\partial \eta^*}{\partial f_1} < 0$$

$$\frac{\partial \delta^*}{\partial f_1} < 0$$

将式（4-4）对 f_1 求二阶偏导数，表示发生寻租概率的变化对托管人受到的惩罚变化的比率，可得：

$$\frac{\partial^2 \eta^*}{\partial f_1^2} = -\frac{2CR^2\gamma^2}{[f_1R\gamma + f_2(P-R)\gamma + mR\gamma]^3} > 0$$

$$\frac{\partial^2 \delta^*}{\partial f_1^2} = \frac{\gamma^2}{[\gamma(1+f_1)]^3} > 0$$

由上述结果可知，在均衡时，投资管理人发生寻租的概率 η^*、托管人达到均衡时受托人进行监督的概率 δ^*，都与托管人受到的惩罚系数 f_1 呈负相关。当其他条件不变、委托人对托管人的惩罚程度加重时，发生寻租的概率是降低的。其二阶导数为正，说明该函数为凹函数，反映的是变化率的变化程度越来越小。当惩罚程度增加相同量时，寻租概率降低越来越少。说明托管人受到的惩罚程度对其是否发生寻租行为的影响变得越来越不敏感。

2. f_2 对 η 和 δ 的灵敏性分析

同理，将式（4-1）、式（4-2）和式（4-3）对 f_2 求偏导数，可得：

$$\frac{\partial \eta^*}{\partial f_2} = -\frac{C(P-R)\gamma}{[f_1R\gamma + f_2(P-R)\gamma + mP\gamma]^2}$$

$$\frac{\partial \delta^*}{\partial f_2} = 0$$

$$\frac{\partial \delta^{**}}{\partial f_2} = -\frac{\gamma}{[\gamma(1+f_2)]^2}$$

由于 $C(P - R)\gamma > 0$，$[f_1 R\gamma + f_2 (P - R)\gamma + mP\gamma]^2 > 0$，且 $[\gamma(1 + f_1)]^2 > 0$ 可得：

$$\frac{\partial \eta^*}{\partial f_2} < 0$$

$$\frac{\partial \delta^*}{\partial f_2} = 0$$

$$\frac{\partial \delta^{**}}{\partial f_2} < 0$$

将式（4-5）对 f_2 求二阶偏导数，表示发生寻租的概率变化对基金投资经理人受到的惩罚变化的比率，可得：

$$\frac{\partial^2 \eta^*}{\partial f_2^2} = -\frac{2C(P - R)^2 \gamma^2}{[f_1 R\gamma + f_2 (P - R) + mP\gamma]^3} > 0$$

$$\frac{\partial^2 \delta^{**}}{\partial f_2^2} = \frac{\gamma^2}{[\gamma(1 + f_2)]^3} > 0$$

由上述结果可知，在均衡时，投资管理人发生寻租的概率 η^*、投资管理人在均衡博弈时受托人进行监督的概率 δ^{**} 都与投资人受到的惩罚系数 f_2 呈负相关。当其他条件不变、委托人对投资管理人的惩罚程度加重时，发生寻租的概率是降低的。其二阶导数为正，该函数为凹函数，反映的是变化率的变化程度越来越快。当惩罚程度增加相同量时，寻租概率降低越来越少。说明投资管理人受到的惩罚程度对其是否发生寻租行为的影响变得越来越不敏感。

3. γ 对 η 和 δ 的灵敏性分析

先分析模型未改进时的监督成功概率对结果的影响作用，之后再对监督成本与监督成功概率具有的关联关系进行分析。将式（4-1）、式（4-2）和式（4-3）对 γ 求偏导数，可得：

$$\frac{\partial \eta^*}{\partial \gamma} = - \frac{C}{[f_1 R + f_2 (P - R) + mP] \gamma^2}$$

$$\frac{\partial \delta^*}{\partial \gamma} = - \frac{1}{(1 + f_1) \gamma^2}$$

$$\frac{\partial \delta^{**}}{\partial \gamma} = - \frac{1}{(1 + f_2) \gamma^2}$$

由于 $C > 0$，$f_1 R + f_2 (P - R) + mP > 0$，且 $(1 + f_2) > 0$，可得：

$$\frac{\partial \eta^*}{\partial \gamma} < 0$$

$$\frac{\partial \delta^*}{\partial \gamma} < 0$$

$$\frac{\partial \delta^{**}}{\partial \gamma} < 0$$

将式（4-1）、式（4-2）和式（4-3）对 γ 求二阶偏导数，表示发生寻租的概率变化对监督成功概率变化的比率，可得：

$$\frac{\partial^2 \eta^*}{\partial \gamma^2} = \frac{2C}{[f_1 R + f_2 (P - R) + mP] \gamma^3} > 0$$

$$\frac{\partial^2 \delta^*}{\partial \gamma^2} = \frac{2}{(1 + f_1) \gamma^3} > 0$$

$$\frac{\partial^2 \delta^{**}}{\partial \gamma^2} = \frac{2}{(1 + f_2) \gamma^3} > 0$$

由上述结果可知，在均衡时，投资管理人发生寻租的概率 η^*、受托人进行监督的概率 δ^* 和 δ^{**} 都与监督成功的概率 γ 呈负相关。当其他条件不变、监督成功的概率增加时，发生寻租的概率是降低的。其二阶导数为正，该函数为凹函数，反映的是变化率的变化程度越来越快。当监督成功的概率增加相同量时，寻租概率降低越来越少，说明监督成功的概率对其是否发生寻租行为的影响变得越来越不敏感。

4. P 对 η 和 δ 的灵敏性分析

同理，将式（4-1）、式（4-2）和式（4-3）对 P 求偏导数，可得：

$$\frac{\partial \eta^*}{\partial P} = \frac{Cf_2}{[f_1 R\gamma + f_2(P-R)\gamma + mP\gamma]^2}$$

$$\frac{\partial \delta^*}{\partial P} = 0$$

$$\frac{\partial \delta^{**}}{\partial P} = 0$$

由于 $C > 0$，$[f_1 R\gamma + f_2(P-R)\gamma + mP\gamma]^2 > 0$，可得：

$$\frac{\partial \eta^*}{\partial P} < 0$$

$$\frac{\partial \delta^*}{\partial P} = 0$$

$$\frac{\partial \delta^{**}}{\partial P} = 0$$

将式（4-1）对 P 求二阶偏导数，表示发生寻租的概率变化对投资经理人获得的超额利润变化的比率，可得：

$$\frac{\partial^2 \eta^*}{\partial P^2} = \frac{2Cf_2^2}{[f_1 R\gamma + f_2(P-R) + mP\gamma]^3} > 0$$

由上述结果可知，在均衡时，投资管理人发生寻租的概率 η^* 与投资管理人获得的超额利润 P 呈负相关。当其他条件不变、委托人对投资管理人的惩罚程度加重时，发生寻租的概率是降低的。其二阶导数为正，该函数为凹函数，反映的是变化率的变化程度越来越快。当获得的超额利润增加相同量时，寻租概率降低越来越慢，说明获得的超额利润对其是否发生寻租行为的影响变得越来越不敏感。

5. m 对 η 和 δ 的灵敏性分析

同理，将式（4-1）、式（4-2）和式（4-3）对 m 求偏导数，可得：

$$\frac{\partial \eta^*}{\partial m} = -\frac{CP\gamma}{[f_1 R\gamma + f_2(P - R)\gamma + mP\gamma]^2}$$

$$\frac{\partial \delta^*}{\partial m} = 0$$

$$\frac{\partial \delta^{**}}{\partial m} = 0$$

由于 $CP\gamma > 0$，$[f_1 R\gamma + f_2(P - R)\gamma + mP\gamma]^2 > 0$，可得：

$$\frac{\partial \eta^*}{\partial m} < 0$$

$$\frac{\partial \delta^*}{\partial m} = 0$$

$$\frac{\partial \delta^{**}}{\partial m} = 0$$

将式（4-1）对 m 求二阶偏导数，表示发生寻租的概率变化为因寻租行为带来的受托人损失扩大系数变化的比率，可得：

$$\frac{\partial^2 \eta^*}{\partial m^2} = \frac{2C P^2 \gamma^2}{[f_1 R\gamma + f_2(P - R) + mP\gamma]^3} > 0$$

由上述结果可知，在均衡时，投资管理人发生寻租的概率 η^* 与因寻租行为带来的受托人损失扩大系数 m 呈负相关。当其他条件不变、受托人损失扩大系数加重时，发生寻租的概率是降低的。其二阶导数为正，该函数为凹函数，反映的是变化率的变化程度越来越快。当损失扩大系数增加相同量时，寻租概率降低越来越慢，说明损失扩大系数的变化对其是否发生寻租行为的影响变得越来越不敏感。

6. C 对 η 和 δ 的灵敏性分析

先分析模型未改进时的监督成功概率对结果的影响作用，之后再对监督成本与监督成功概率具有的关联关系进行分析。将式（4-1）、式（4-2）和式（4-3）对 C 求偏导数，可得：

$$\frac{\partial \eta^*}{\partial C} = \frac{1}{f_1 R \gamma + f_2 (P - R) \gamma + m P \gamma}$$

$$\frac{\partial \delta^*}{\partial C} = 0$$

$$\frac{\partial \delta^{**}}{\partial C} = 0$$

由于 $[f_1 R \gamma + f_2 (P - R) \gamma + m P \gamma]^2 > 0$，可得：

$$\frac{\partial \eta^*}{\partial C} > 0$$

$$\frac{\partial \delta^*}{\partial C} = 0$$

$$\frac{\partial \delta^{**}}{\partial C} = 0$$

将式（4-1）对 C 求二阶偏导数，表示发生寻租的概率变化对监督成本变化的比率，可得：

$$\frac{\partial^2 \eta^*}{\partial C^2} = 0$$

由上述结果可知，在均衡时，投资管理人发生寻租的概率 η^* 与受托人的监督成本 C 呈正相关。当其他条件不变、委托人的监督成本增加时，投资管理人发生寻租的概率是增加的。其二阶导数为零，反映的是变化率的变化程度不变，当监督成本增加相同量时，寻租概率的变化是相同的。

7. R 对 η 和 δ 的灵敏性分析

同理，将式（4-1）、式（4-2）和式（4-3）对 R 求偏导数，可得：

$$\frac{\partial \eta^*}{\partial R} = -\frac{C(f_1 - f_2)\gamma}{[f_1 R\gamma + f_2(P - R)\gamma + mP\gamma]^2}$$

$$\frac{\partial \delta^*}{\partial R} = 0$$

$$\frac{\partial \delta^{**}}{\partial R} = 0$$

将式（4-1）对 R 求二阶偏导数，表示发生寻租的概率变化对受托人获得的租金变化的比率，可得：

$$\frac{\partial^2 \eta^*}{\partial R^2} = \frac{2C(f_1 - f_2)^2 \gamma^2}{[f_1 R\gamma + f_2(P - R)\gamma + mP\gamma]^3}$$

由于 $f_1 R\gamma + f_2(P - R)\gamma + mP\gamma > 0$，可得：

$$\frac{\partial^2 \eta^*}{\partial R^2} = \frac{2C(f_1 - f_2)^2 \gamma^2}{[f_1 R\gamma + f_2(P - R)\gamma + mP\gamma]^3} > 0$$

（1）当 $f_1 = f_2$ 时。由于 $C > 0$，$[f_1 R\gamma + f_2(P - R)\gamma + mP\gamma]^2 > 0$，且 $(f_1 - f_2) = 0$，可得：

$$\frac{\partial \eta^*}{\partial R} = 0$$

$$\frac{\partial \delta^*}{\partial R} = 0$$

$$\frac{\partial \delta^{**}}{\partial R} = 0$$

由上述结果可知，在均衡时，投资管理人发生寻租的概率 η^* 与受托人获得的租金 R 无关。当其他条件不变、租金增加时，发生寻租的概率不变。

（2）当 $f_1 < f_2$ 时。由于 $C > 0$，$[f_1 R\gamma + f_2(P - R)\gamma + mP\gamma]^2 > 0$，且

$(f_1 - f_2) < 0$，可得：

$$\frac{\partial \eta^*}{\partial R} > 0$$

$$\frac{\partial \delta^*}{\partial R} = 0$$

$$\frac{\partial \delta^{**}}{\partial R} = 0$$

由上述结果可知，在均衡时，投资管理人发生寻租的概率 η^* 与受托人获得的租金 R 呈正相关。当其他条件不变、监督成功的概率增加时，发生寻租的概率是增加的。其二阶导数为正，反映的是变化率的变化程度越来越快。当租金增加相同量时，寻租概率增加越来越快，说明租金对其是否发生寻租行为的影响变得越来越敏感。

（3）当 $f_1 > f_2$ 时。由于 $C > 0$，$[f_1 R \gamma + f_2 (P - R) \gamma + mP\gamma]^2 > 0$，且 $(f_1 - f_2) > 0$，可得：

$$\frac{\partial \eta^*}{\partial R} < 0$$

$$\frac{\partial \delta^*}{\partial R} = 0$$

$$\frac{\partial \delta^{**}}{\partial R} = 0$$

由上述结果可知，在均衡时，投资管理人发生寻租的概率 η^* 与受托人获得的租金 R 呈负相关。当其他条件不变、监督成功的概率增加时，发生寻租的概率是降低的。其二阶导数为正，反映的是变化率的变化程度越来越慢，当租金增加相同量时，寻租概率增加得越来越慢，说明租金对其是否发生寻租行为的影响变得越来越不敏感。

二、非独立变量的敏感性分析

由于在实际中，监督成本与监督成功概率是非独立的，具有相关关系，因此对它们的灵敏性分析如下：将式（4-8）、式（4-9）和式（4-10）对 C 求偏导数，可得：

$$\frac{\partial \eta^*}{\partial C} = \frac{(\beta_0 + \beta_1 C) - \beta_1 C}{(\beta_0 + \beta_1 C)^2} \times \frac{1}{f_1 R + f_2(P - R) + mP}$$

$$= \frac{\beta_0}{(\beta_0 + \beta_1 C)^2} \times \frac{1}{f_1 R + f_2(P - R) + mP}$$

$$\frac{\partial \delta^*}{\partial C} = \frac{-\beta_1}{(\beta_0 + \beta_1 C)^2 (1 + f_1)}$$

$$\frac{\partial \delta^{**}}{\partial C} = \frac{-\beta_1}{(\beta_0 + \beta_1 C)^2 (1 + f_2)}$$

当 $f_1 R \gamma + f_2(P - R)\gamma + mP\gamma > 0$，且 $\beta_0 > 0, \beta_1 > 0$ 时可得：

$$\frac{\partial \eta^*}{\partial C} < 0$$

$$\frac{\partial \delta^*}{\partial C} < 0$$

$$\frac{\partial \delta^{**}}{\partial C} < 0$$

将式（4-8）、式（4-9）和式（4-10）对 C 求二阶偏导数，表示发生寻租的概率变化对监督成本变化的比率，可得：

$$\frac{\partial^2 \eta^*}{\partial C^2} = \frac{-2\beta_0 \beta_1}{(\beta_0 + \beta_1 C)^3} \times \frac{1}{f_1 R + f_2(P - R) + mP} < 0$$

$$\frac{\partial^2 \delta^*}{\partial C^2} = \frac{2\beta_1^2}{(\beta_0 + \beta_1 C)^3 (1 + f_1)} > 0$$

$$\frac{\partial^2 \delta^{**}}{\partial C^2} = \frac{2\beta_1^2}{(\beta_0 + \beta_1 C)^3 (1 + f_2)} > 0$$

由上述结果可知，在均衡时，投资管理人发生寻租的概率 η^* 与监督成本 C 呈负相关。当其他条件不变、监督成功的概率增加时，发生寻租的概率是降低的。其二阶导数为负，该函数为凹函数，反映的是变化率的变化程度减少越来越快，当监督成功的概率增加相同量时，寻租概率降低越来越多，说明监督成功的概率对其是否发生寻租行为的影响变得越来越敏感。

在均衡时，对于受托人进行监督的概率 δ^* 和 δ^{**} 都是与监督成本 C 呈负相关的，当其他条件不变、监督成功的概率增加时，发生寻租的概率是降低的。其二阶导数为正，该函数为凸函数，反映的是变化率的变化程度减少越来越慢，当监督成本增加相同量时，寻租概率降低越来越少，说明监督成功的概率对其是否发生寻租行为的影响变得越来越不敏感。

第三节 情景实证分析

一、情景分析基本理论

情景分析（Scenario Analysis），顾名思义就是对目标在某个特定情景下进行分析。情景是根据所设定的因素在某一特殊情况下所形成的一个状态，当改变这些因素的状态值时，则会形成不同的状态集合。由于未来具有很大的不确定性，所以选择进行分析的因素也会发生改变，可以用假设、预测、模拟等手段生成不同的因素值，从而产生不同的状态，也就是不同的未来情景，通过分析这些情景，说明其对目标产生的影响结果。统计预测的方法是基于大量的历史数据，并且认为变量之间的关系不发生改变（曾忠禄和张冬梅，2005），即因素与目标之间的发展规律不变的情况下是有效的，但是当假设条件改变时，如社会发生动荡、环境变得越来越复杂，因素之间的关系和发展规律发生变化时，那么统计的方法也就不能达到预测目的了。

在社会发展的长河中，特别是在第二次世界大战后，各种突发事件大量出现，技术、信息等各种变化促使社会和经济系统也发生了结构性的变革，统计预测的假设前提已经发生了变化，无法在对未来进行合理的预测，在管理上已经无法辅助战略的制定。情景分析法正是在这样的情况下应运而生的，并受到广泛的认可和运用，是一种用来分析未来的有效方法。它最初主要是在军事领域应用，之后被广泛应用于经济领域。

情景分析法充分地结合了定量与定性分析，认为未来是充满不确定性的，其中包含着一些可以预测的内容，通过设计和思考这些会根据外界环境变化产生的因素及其可能发生的变化，研究目标在未来可能产生的相应结果。情景分析法的优点在于能够发现未来变化的某些趋势，并且不会过高或者过低地估计变化以及这些变化对目标结果的影响。由此可以看出，在使用情景分析法时，关键在于要能够识别出影响研究目标的因素，并分析出这些因素与结果间的合理关系，也就是说要设计出符合其发展规律的合理情景，通过对比分析这些可能给出的不同情景，最终从中选出最佳的应对方案。

本书将定性与定量相结合的情景分析法，以定量情景分析法为主，基于企业年金基金参与主体间的运营过程，以数学或经济计量方法为基础建立模型，选择不同的参数并进行调整，从而产生不同的情景。运用计算机进行模拟运算，可以迅速地产生大量情景分析结果，形象并直观地反映其变化结果。对每个情景的合理性和发生概率作出估计，在保持其他变量不变时，改变一个变量即可产生出大量的不同情景，之后用这些情景计算得出相对应的目标结果，通过分析从而评价各变量的变化所引起的结果变化及其相互关系，最终判断参数之间的结构，并发现因素发生变化对未来结果所产生的变化的某些趋势及影响。定量情景分析法一般包括三个主要环节，即情景描述，即情景条件的设定；模型运行，根据参数的变化计算目标结果；结果分析，对参数的变化引起目标结果的变化及其变化趋势进行分析和预测。模型运行在中间起着承上启下和敏感性分析的作用。

二、情景设计

对于社会经济数据缺乏或者是未来发展不确定性较高的情况，情景分析法有很强的适用性，能够对影响因素进行分析，并对这些影响因子进行细化。结合企业年金基金在运营过程中的各个影响特征，可确定在整个过程达到均衡时起作用的主要影响因素，并通过影响因子的细化，充分考虑未来影响参与主体是否发生违约行为的不确定性，最终给出不同情景下的违约概率的定量预测结果。

1. 不可观测变量的设定

在现实的经济环境中，受托人以概率 δ 对寻租活动进行监督和管理，监督结果为成功的概率是 γ，投资管理人进行寻租活动的概率为 η，这 3 个概率是难以观测的，由于现实调研和考察难度很大，因此用统计的方法去测量其数值和发布规律，即情景分析法则更具有优势。将寻租活动的概率 η 和实施监管的概率 δ 作为构建模型所获得的结果（即等式的左边），而其他可直观测量的变量作为因素，考虑其在企业年金基金运营是否能够降低或者提高违约发生的影响作用。在初始状态情景设计时，将监督成功的概率 γ 作为因变量，根据实际经验给予一个初始的状态值，假定 $\gamma = 0.5$，表示在发生寻租的状态下，受托人能够监督成功的概率为 0.5。

2. 可观测变量的设定

对于能够直接观测或者是便于收集的其他变量，可以将其作为因变量进行分析。f_1、f_2 是受托人对托管人和投资管理人的惩罚系数，这个惩罚的力度是可以在合同中确定的，也可以遵照行业规定或者法律的规定，一般情况下，至少都是双倍惩罚的。对于有的企业或国家具有严格的监管，所以惩罚的力度将会更大甚至导致破产。因此在初始状态时，将其设定为最小值 2 倍的惩罚，由于在分析过程中，如果 f_1 和 f_2 相同，将会在分析 R 对结果的影响时失去效果，原因将在下文中具体阐述，所以，将其设定为 $f_1 = 2$，$f_2 = 2.5$。

m 为因寻租行为带来的受托人损失扩大系数，假设扩大的倍数为 1 表示没有扩大或缩小，全部的损失均由受托人承担，没有获得任何的风险补偿。

由于受托人 C 对寻租活动的监督成本、投资管理人 P 寻租得到超额利润、托管人 R 提供的租金 $R(R < P)$，都是价值单位。通过上述模型可以发现，公式中的单位会被消去，采用的单位不会影响结果，所以为了方便，并和收益分配的表示方式一致，这里用企业年金基金财产价值的百分比表示。由于现有的政策规定，受托人可以获得的管理费不得高于受托管理企业年金基金财产净值的 0.2%，其中，行业利润率在 25% 左右，假设在整个成本中，用于监督的成本占总成本的 1/3，计算得到 $C = 0.2\% \times (1 - 25\%) \div 3 = 0.05\%$，因此，设定 $P = 0.05\%$，$R = 0.025\%$。

三、情景分析的初始值结果

为更直观地反映趋势变化关系，我们用情景分析模拟方法进行分析，假设所有变化的初始值如下：$\gamma = 0.5$、$m = 1$、$f_1 = 2$、$f_2 = 2.5$、$C = 0.05\%$、$P = 0.05\%$、$R = 0.025\%$。

将其代入式（4-4），计算得到的初始值为：

$$\{\eta^*,\ \delta^*\} = \left\{ \frac{C}{f_1 R\gamma + f_2(P - R)\gamma + mP\gamma},\ \frac{1}{\gamma(1 + f_1)} \right\}$$

$$= \left\{ \frac{0.05\%}{2 \times 0.025\% \times 0.5 + 2.5 \times (0.05\% - 0.025\%) + 0.05\% \times 0.5},\ \frac{1}{0.5(1 + 2)} \right\}$$

$$= \{0.6154,\ 0.6667\}$$

将其代入式（4-4）和式（4-5），计算得到的初始值为：

$$\{\eta^*,\ \delta^{**}\} = \left\{ \frac{C}{f_1 R\gamma + f_2(P - R)\gamma + mP\gamma},\ \frac{1}{\gamma(1 + f_2)} \right\}$$

$$= \left\{ \frac{0.05\%}{2 \times 0.025\% \times 0.5 + 2.5 \times (0.05\% - 0.025\%) + 0.05\% \times 0.5},\ \frac{1}{0.5(1 + 2.5)} \right\}$$

$$= \{0.6154,\ 0.5714\}$$

四、变量灵敏性的模拟分析

定量情景分析的优点在于可以通过预测、模拟等方法改变变量的值，由此产生大量的备选情景，从而可有效、合理并充分地分析出各种情况所对应产生的结果；不足之处在于所产生结果的正确性与情景分析的质量密切相关。由于目标结果依赖所设定的模型以及变量的结构，因此，假设对变量间的相互关系以及变量对目标结果间的发展规律是在正确分析的基础上进行的。在运用定量模拟进行情景分析时，必须识别出描述情景的各种变量，并对这些变量的结构以及它们对结果的影响关系进行合理分析。而不能单纯地依赖于该方法得出貌似精确的计算结果，这些结果可靠的前提就是对情景设计的合理性。为了避免定量情景分析的不足，通常采用理论分析和数学推导说明因素对结果的敏感性，此时用模拟的方法——定量模拟分析的方法可以形象直观地表现出结果，从而共同说明因素对结果的影响作用。

1. f_1 对 η 和 δ 的影响模拟分析

假定 f_1 从 2 以每 0.1 的间隔逐渐上升到 15，分别得到 η^* 从 0.6154 下降到 0.2051，δ^* 从 0.6667 下降到 0.1250，δ^{**} 不变。具体的变化趋势如图 4-2 所示。

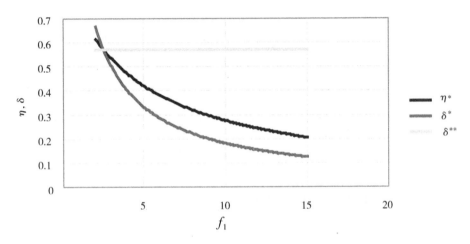

图 4-2　寻租概率与监管概率随受托人受惩罚系数变化的趋势

由上述模拟结果可知，在均衡时，投资管理人发生寻租的概率 η^*、托管人达到均衡时的受托人进行监督的概率 δ^*，当其他因素不变时、托管人受到的惩罚系数 f_1 增加时，即从 2 倍增加到 15 倍，投资管理人发生寻租的概率从 0.6154 下降到 0.2051，受托人进行监督的概率从 0.6667 下降到 0.1250。也就是说，托管人受到的惩罚系数增加时，投资管理人进行寻租的概率与受托人进行监督的概率都是在减少的，即与其是反方向变化，呈现下降的趋势。可以观察到如表 4-2 所示的结果。

表 4-2　寻租概率与监管概率随受托人处罚系数情景模拟部分结果

f_1	η^*	δ^*	δ^{**}
5	0.4211	0.3333	0.5714
10	0.2759	0.1818	0.5714
15	0.2051	0.1250	0.5714

当 f_1 从 5 增加到 10 再增加到 15 时，都变化相同的 5 倍量，可发现 η^* 的变化量分别为 $0.2759-0.4211=-0.1452$ 和 $0.2051-0.2759=-0.0708$，在不断减少；从数值上看，η^* 减少得越来越少，即下降的趋势在减缓。同样地，当 f_2 从 5 增加到 10，再增加到 15 时，都变化相同的 5 倍量，可发现 δ^* 的变化量分别为 $0.1818-0.3333=-0.1515$ 和 $0.1250-0.1818=-0.0568$，也在不断减少；从数值上看，η^* 减少得越来越少，即下降的趋势也在减缓。

实际中，可以通过加重受托人对托管人的惩罚程度，使投资管理人发生寻租的概率降低。当惩罚程度增加相同的量时，寻租概率降低得越来越少。说明托管人受到的惩罚程度对其是否发生寻租行为的影响敏感性在降低，变得越来越不敏感。同样地，托管人在博弈均衡时，也可以通过加重受托人对托管人的惩罚程度，使均衡时受托人进行监督的概率降低，其敏感性也在降低。

2. f_2 对 η 和 δ 的影响模拟分析

假定 f_2 从 2.5 以每 0.1 的间隔逐渐上升到 15.5，分别得到 η^* 从 0.6154 下降到 0.2051，δ^* 不变，δ^{**} 从 0.5714 下降到 0.1212。具体的变化趋势如图 4-3 所示。

由上述模拟结果可知，在均衡时，投资管理人发生寻租的概率 η^*、到投资管理人在均衡博弈时，受托人进行监督的概率 δ^{**}，当其他因素不变、投资管理人受到的惩罚系数 f_2 增加时，即从 2.5 倍增加到 15.5 倍时，投资管

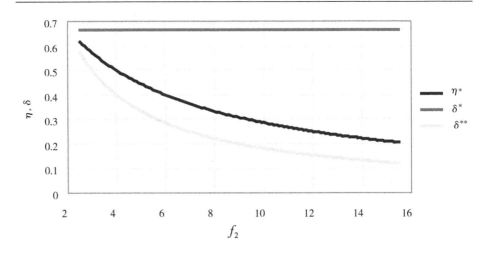

图4-3 寻租概率与监管概率随投资管理人受处罚系数变化的趋势

理人发生寻租的概率从 0.6154 下降到 0.2051，受托人进行监督的概率从 0.5714 下降到 0.1212。也就是说，托管人受到的惩罚系数增加时，投资管理人进行寻租的概率与受托人进行监督的概率都是减少的，即与其是反方向变化，呈现下降的趋势。可以观察到如表4-3所示的结果。

表4-3 寻租概率与监管概率随投资管理人受处罚系数变化的情景模拟部分结果

f_2	η^*	δ^*	δ^{**}
4	0.5000	0.6667	0.4000
8	0.3333	0.6667	0.2222
12	0.2500	0.6667	0.1538

f_2 从 4 增加到 8 增加到 12 时，都变化相同的 4 倍量，可发现 η^* 的变化量分别为 0.3333 − 0.5000 = − 0.1667 和 0.2500 − 0.3333 = − 0.0833，变化值为负值，在不断减少；从数值上来看，η^* 减少得越来越少，即下降的趋势在减缓。同样地，从 f_2 从 4 增加到 8 再增加到 12 时，都变化相同的 4 倍量，可

发现 δ^{**} 的变化量分别为 0.2222 - 0.4000 = -0.1778 和 0.1538 - 0.2222 = -0.0684 ，也在不断减少；从数值上来看，δ^{**} 减少得越来越少，即下降的趋势也在减缓。

实际中，可以通过加重受托人对投资管理人的惩罚程度来降低投资管理人发生寻租的概率。当惩罚程度增加相同量时，寻租概率降低得越来越少。说明投资管理人受到的惩罚程度对其是否发生寻租行为的影响敏感性在降低，变得越来越不敏感。也就是说持续增加监督成功的概率，对减少投资管理人发生寻租行为后期的影响效果将会弱于前期；同时，其对托管人进行监督的概率也是有负作用的，其敏感性也在降低。

3. γ 对 η 和 δ 的影响模拟分析

先分析监管成功的概率与监督成本独立时的情况。假设 γ 从 0.335 以每 0.005 的间隔逐渐上升到 1，分别得到 η^* 从 0.9185 下降到 0.3077、δ^* 从 0.9950 下降到 0.3333，δ^{**} 从 0.8529 下降到 0.2857。具体变化趋势如图 4-4 所示。

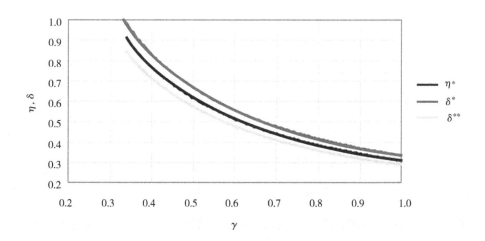

图4-4　寻租概率与监管概率随监管成功概率变化的趋势

由上述模拟结果可知，在均衡时投资管理人发生寻租的概率 η^*，托管人达到均衡时、投资管理人在均衡博弈时受托人进行监督的概率分别为 δ^* 和 δ^{**}，当其他因素不变、监督成功的概率 γ 增加时，即从 0.335 增加到 1 时，投资管理人发生寻租的概率从 0.9185 下降到 0.3077，托管人达到均衡时的受托人进行监督的概率从 0.9950 下降到 0.3333；投资管理人在均衡博弈时受托人进行监管的概率从 0.8529 下降到 0.2857。也就是说，监督成功的概率增加时，无论是投资管理人还是托管人达到均衡时，投资管理人进行寻租的概率与受托人进行监督的概率都是减少的，即与其是反方向变化，呈现下降的趋势。可以观察到如表4-4所示的结果。

表4-4　寻租概率与监管概率随监管成功概率变化的情景模拟部分结果

γ	η^*	δ^*	δ^{**}
0.4	0.7692	0.8333	0.7143
0.6	0.5128	0.5556	0.4762
0.8	0.3846	0.4167	0.3571

γ 从 0.4 增加到 0.6 再增加到 0.8 时，都变化相同的 0.2 倍量时，可发现 η^* 的变化量分别为 $0.5128 - 0.7692 = -0.2564$ 和 $0.3846 - 0.5128 = -0.1282$，变化值为负值，在不断减少；从数值上来看，$\eta^*$ 减少得越来越少，即下降的趋势在减缓。同样地，γ 从 0.4 增加到 0.6 再增加到 0.8 时，都变化相同的 0.2 倍量时，可发现在投资管理人在均衡博弈时，受托人进行监督的概率 δ^* 的变化量分别为 $0.5556 - 0.8333 = -0.2777$ 和 $0.4167 - 0.5556 = -0.1389$，也在不断减少，从数值上来看，$\delta^*$ 减少得越来越少，即下降的趋势在减缓；在托管人达到均衡时，受托人进行监督的概率 δ^{**} 的变化量分别为 $0.4762 - 0.7143 = -0.2381$ 和 $0.3571 - 0.4672 = -0.1191$，也是在不断减少的，从数

值上来看,δ^{**}减少得越来越少,即下降的趋势也在减缓。

实际中,可以通过增加托管人监管成功的概率来降低投资管理人发生寻租的概率,也降低受托人进行监管的概率。当受托人监管成功的概率增加相同量时,能够使投资管理人发生寻租行为的概率降低,且降低越来越少,同时也降低受托人进行监督的概率。也就是说,托管人通过增加监督成本或提高监督工作的质量等,来提升监督成功的概率,从而达到对受托人和投资管理人加强监督的目标,监督成功不断增加,最终能够有效地制约投资管理人选择发生寻租的行为,但其对该行为影响的敏感性在降低,变得越来越不敏感。也就是说持续的增加托管人进行监督成功的概率,对投资管理人发生寻租行为以及受托人进行监管概率的后期影响效果将会弱于前期。

4. P 对 η 和 δ 的影响模拟分析

假定 P 从 0.05%以每 0.001%的间隔逐渐上升到 0.15%,分别得到 η^* 从 0.6154 下降到 0.1951,δ^* 不变,δ^{**} 也不变。具体的变化趋势如图 4-5 所示。

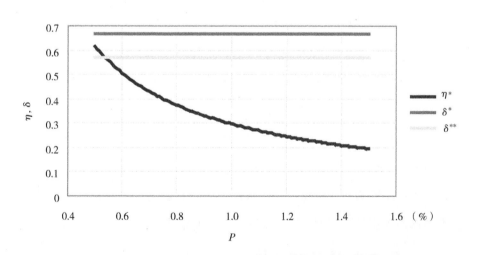

图4-5 寻租概率与监管概率随投资管理人获得超额利润变化的趋势

由上述模拟结果可知，在均衡时，投资管理人发生寻租的概率 η^*，当其他条件不变、投资管理人获得的超额利润 P 增加时，即从 0.05% 增加到 0.15%，投资管理人发生寻租的概率从 0.6154 下降到 0.1951，而 δ^* 不变，δ^{**} 也不变。也就是说，投资管理人获得的超额利润增加时，投资管理人进行寻租的概率减少，即与其是反方向变化，呈现下降的趋势。可以观察到如表 4-5 所示的结果。

表4-5　寻租概率与监管概率随投资管理人获得超额利润变化的情景模拟部分结果

P	η^*	δ^*	δ^{**}
0.06%	0.5063	0.6667	0.5714
0.10%	0.2963	0.6667	0.5714
0.14%	0.2094	0.6667	0.5714

P 从 0.06% 增加到 0.10% 再增加到 0.14% 时，都变化相同的 0.04% 量时，可发现 η^* 的变化量分别为 $0.2963 - 0.5063 = -0.2100$ 和 $0.2094 - 0.2963 = -0.0869$，变化值为负值，在不断减少；从数值上来看，$\eta^*$ 减少得越来越少，即下降的趋势在减缓。结果显示，如果增加投资管理人获得的超额利润，可以降低投资管理人发生寻租的概率。当超额利润增加相同量时，寻租概率降低得越来越少，说明投资管理人获得的超额利润对其是否发生寻租行为的影响敏感性在降低，变得越来越不敏感。也就是说投资管理人获得的超额利润，对减少投资管理人发生寻租行为后期的影响效果将会弱于其前期。

实际中，投资人所获得超额利润的高低是受托人无法观察和预估的，也就是其所不能控制的，所以，要有效制约投资管理人产生寻租行为，受托人是无法通过影响投资管理人所获得的超额利润来实现的。

5. m 对 η 和 δ 的影响模拟分析

假定 m 从 0 以每 0.05 的间隔逐渐上升到 1，分别得到 η^* 从 0.8889 下降到 0.6154，δ^* 不变，δ^{**} 也不变。具体的变化趋势如图 4-6 所示。

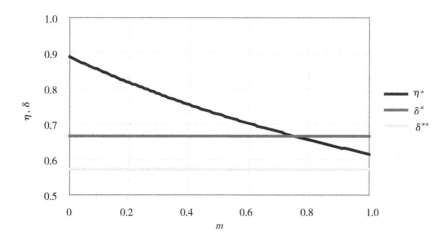

图 4-6　寻租概率与监管概率随受托人损失扩大系数变化的趋势

由上述模拟结果可知，在均衡时，投资管理人发生寻租的概率 η^*，在其他条件不变、因寻租行为带来的受托人损失扩大系数 m 增加时，即从 0 增加到 1，投资管理人发生寻租的概率从 0.8889 下降到 0.6154，而 δ^* 不变，δ^{**} 也不变。也就是说，寻租行为带来的受托人损失扩大系数增加时，投资管理人进行寻租的概率减少，即与其是反方向变化，呈现下降的趋势。可以观察到如表 4-6 所示的结果。

表 4-6　寻租概率与监管概率随投受托人损失扩大系数变化的情景模拟部分结果

m	η^*	δ^*	δ^{**}
0	0.8889	0.6667	0.5714
0.4	0.7547	0.6667	0.5714
0.8	0.6557	0.6667	0.5714

m 从 0 增加到 0.4 再增加到 0.8 时，都变化相同的 0.4 倍量时，可发现 η^* 的变化量分别为 $0.7547-0.8889=-0.1342$ 和 $0.6557-0.7547=-0.0990$，变化值为负值，在不断减少；从数值上来看，η^* 减少得越来越少，即下降的趋势在减缓。结果显示，如果增加受托人损失扩大系数，可以降低投资管理人发生寻租的概率。而该因素对受托人进行监督的概率 δ 是没有影响的。

现实中，降低风险补偿金是能够直接使受托人扩大系数的，通过增加受托人损失扩大系数来降低投资管理人发生寻租行为的概率，当扩大系统增加相同量时，投资管理人发生寻租行为的概率降低越来越少。说明受托人损失扩大系数对其是否发生寻租行为的影响敏感性在降低，变得越来越不敏感。也就是说持续增加受托人损失扩大系数对减少投资管理人发生寻租行为后期的影响效果将会弱于其前期。但是我们也发现，损失扩大系数是受托人依靠监督无法影响的，它与市场的风险、具体寻租行为的严重性等因素密切相关。也就是说受托人无法通过影响该系数来有效地制约投资管理人的寻租行为。但是随着企业年金基金运营的外部环境的变化，如法律法规政策的变化，对投资管理人风险准备金的设置比例与使用的规定，相当于对损失产生了一定程度的补充，使该损失系数发生变化，从而影响投资管理人发生寻租行为。

6. C 对 η 和 δ 的影响模拟分析

先分析监管成本与监督成功概率独立时的情况。假定 C 从 0.030% 以每 0.001% 的间隔逐渐上升到 0.081%，分别得到对应寻租发生的概率 η^* 从 0.3692 提高到 0.9969，δ^* 不变，δ^{**} 也不变。具体的变化趋势如图 4-7 所示。

由上述模拟结果可知，当其他条件不变时，受托人的监督成本 C 增加时，即从 0.03% 增加到 0.081%，在均衡时，投资管理人发生寻租的概率 η^* 从 0.3692 增加到 0.9969，而 δ^* 不变，δ^{**} 也不变。也就是说，受托人的监督成

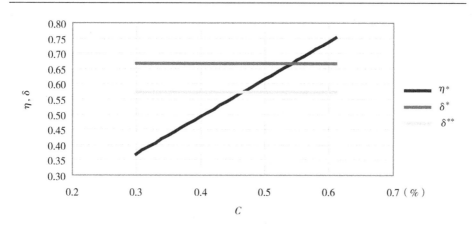

图4-7　寻租概率与监管概率随受托人监督成本变化的趋势

本增加时，投资管理人进行寻租的概率是减少的，即与其是反方向变化，呈现下降的趋势。可以观察到如表4-7所示的结果。

表4-7　寻租概率与监管概率随受托人监督成本变化的情景模拟部分结果

C	η^*	δ^*	δ^{**}
0.03%	0.3692	0.6667	0.5714
0.04%	0.4923	0.6667	0.5714
0.05%	0.6154	0.6667	0.5714

C 从0.03%增加到0.04%再增加到0.05%时，都变化相同的0.01%量时，可发现 η^* 的变化量分别为 0.4923 − 0.3692 = 0.1231 和 0.6154 − 0.4923 = 0.1231，变化值为正值，在不断增加；从数值上来看，η^* 增加的变化量是相同的，即上升的趋势呈直线，而 C 增加时，受托人进行监管的概率 δ 没有发生变化。

在现实中，可以通过降低受托人的监管成本，而不改变受托人监管成功概率的条件下，有效地降低投资管理人发生寻租的概率。也就是说，在降低相同的监管成本时，投资管理人发生寻租行为的概率减少，且减少的速度相同。

7. R 对 η 和 δ 的影响模拟分析

（1）当 $f_1 = f_2$ 时。假设 $f_1 = 2$，$f_2 = 2$ 时，R 从 0.0250% 以每 0.0005% 的间隔逐渐上升到 0.0750%，分别得到对应寻租发生的概率 η^* 不变，δ^* 和 δ^{**} 也不变。具体的变化趋势如图 4-8 所示。

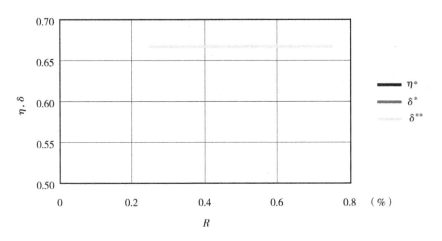

图 4-8　寻租概率与监管概率随租金变化的趋势 R（$f_1 = f_2$）

由上述模拟结果可知，当其他条件不变时，受托人获得的租金 R 增加，即从 0.0250% 增加到 0.0750%，在均衡时，投资管理人发生寻租的概率 η^* 和受托人进行监管的概率 δ 都不发生变化。即受托人获得的租金与投资管理人发生寻租行为的概率和受托人进行监管的概率与租金的多少无关，也就是说租金增加时，发生寻租的概率和进行监督的概率是不变的。

（2）当 $f_1 < f_2$ 时。假设 $f_1 = 2$，$f_2 = 2.5$ 时，R 从 0.0250% 以每 0.005% 的间隔逐渐上升到 0.0750%，分别得到对应寻租发生的概率 η^* 从 0.6154 增加到

0.7273，δ^* 和 δ^{**} 不变。具体的变化趋势如图 4-9 所示。

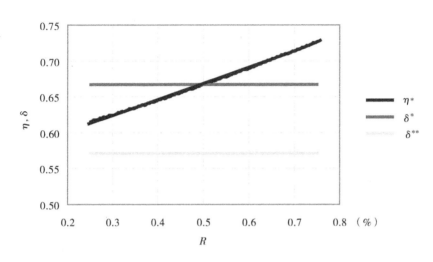

图 4-9 寻租概率与监管概率随租金变化的趋势 R ($f_1 < f_2$)

由上述模拟结果可知，当其他条件不变时，托管人获得租金 R 增加时，即 R 从 0.0250% 增加到 0.0750%，在均衡时，投资管理人发生寻租行为的概率 η^* 从 0.6154 增加到 0.7273，而受托人进行监督的概率 δ 不发生变化。也就是说，托管人获得的租金增加时，其获得收益的期望也在增加，倾向于冒险进行寻租的可能性也在增加，即与其是相同方向变化，呈现上升的趋势，但对受托的进行监督的概率不产生影响。可以观察到如表 4-8 所示的结果。

表 4-8 寻租概率与监管概率随投托管人获得租金变化的情景模拟部分结果 ($f_1 < f_2$)

R	η^*	δ^*	δ^{**}
0.0300%	0.6250	0.6667	0.5714
0.0400%	0.6452	0.6667	0.5714
0.0500%	0.6667	0.6667	0.5714

R 从 0.03% 增加到 0.04% 再增加到 0.05% 时，都变化相同的 0.01% 量时，可发现 η^* 的变化量分别为 0.6452 − 0.6250 = 0.0202 和 0.6667 − 0.6452 = 0.0215，变化值为正值，在不断增加；从数值上来看，η^* 增加得越来越多，即上升的趋势在增加，而 R 增加时，受托人进行监管的概率 δ 没有发生变化。

由此可得，当受托人对托管人的惩罚力度小于其对投资管理人的惩罚力度的条件下，当托管人获得的租金增加时，会使投资管理人发生寻租的概率增加。也就是说，在投资管理人与托管人共谋时，两者之间对于共谋所获得的收益分配方式直接影响着两者发生寻租行为的可能性。当投资管理人支付托管人的租金增加时，托管人与其共谋的积极性增加，从而增加了寻租行为发生的可能性。当托管人获得的租金持续增加时，投资人发生寻租行为的概率增加得越来越快，租金对寻租行为的影响越来越敏感，即在一定范围内，租金增加相同量时，对投资管理人发生寻租行为的后期影响效果将会强于前期。

而在现实中，由于托管人获得的租金是投资管理人支付给其合作的报酬，他们之间利益的分配仅仅是在投资管理人和托管人之间发生，也就是说租金的多少是受托人所不能影响的，所以他对制约投资管理人寻租的行为是无法通过影响投资管理人所获得的超额利润来实现的。

（3）当 $f_1 > f_2$ 时。假设 $f_1 = 2$，$f_2 = 1.5$ 时，R 从 0.0250% 以每 0.0005% 的间隔逐渐上升到 0.0750%，分别得到对应寻租发生的概率 η^* 从 0.7273 下降到 0.6154，δ^* 和 δ^{**} 不变。具体的变化趋势如图 4-10 所示。

由上述模拟结果可知，当其他条件不变时，托管人获得租金 R 增加时，即 R 从 0.0250% 增加到 0.0750%，在均衡时，投资管理人发生寻租行为的概率 η^* 从 0.7273 下降到 0.6154，而受托人进行监督的概率 δ 不发生变化。也就是说，托管人获得的租金增加时，投资管理由于支付的报酬增多而减少了

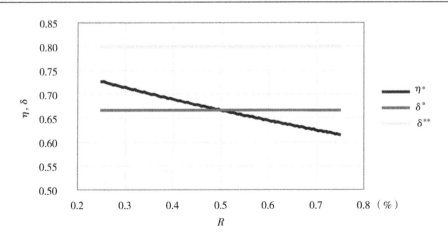

图 4-10　寻租概率与监管概率随租金变化的趋势 R（$f_1>f_2$）

自身的收益，倾向于冒险进行寻租的可能性却减少了，即与其是相同方向变化，呈现上升的趋势，但对受托人的监督概率不产生影响。可以观察到如表4-9 所示的结果。

表 4-9　寻租概率与监管概率随投托管人获得租金变化的情景模拟部分结果（$f_1>f_2$）

R	η^*	δ^*	δ^{**}
0.0300%	0.7143	0.6667	0.8000
0.0400%	0.6897	0.6667	0.8000
0.0500%	0.6745	0.6667	0.8000

R 从 0.0300% 增加到 0.0400% 再增加到 0.0500% 时，都变化相同的 0.0100% 量，可发现 η^* 的变化量分别为 0.6897 − 0.7143 = − 0.0246 和 0.6745 − 0.6897 = − 0.0152，变化值均为负值，在不断减少；从数值上来看，η^* 减少得越来越少，即下降的趋势在减缓，而 R 增加时，受托人进行监管的概率 δ 没有发生变化。

由此可得，当受托人对托管人的惩罚力度大于其对投资管理人的惩罚力度的条件下，当托管人获得的租金增加时，会使投资管理人发生寻租的概率降低。也就是说，在投资管理人与托管人共谋时，当托管人获得的租金增加，投资管理人分配所获得的利益减少，降低了投资管理人产生与受托人进行共谋的积极性，从而减少了投资管理人发生寻租的概率。当托管人获得的租金持续增加时，投资人发生寻租行为的概率减少越来越慢，租金对投资管理人产生寻租行为的影响越来越不敏感。即在一定范围内，租金增加相同量时，对投资管理人发生寻租行为的后期影响效果将会弱于前期。

而在现实中，由于托管人所获得的租金的多少是在受托人的监督过程之外的，因此受托人无法通过影响投资管理人所获得的超额利润来降低其产生寻租行为的概率。

8. C 与 γ 相关对 η 和 δ 的影响模拟分析

仍是采用上文所描述的情景假设，只是此处考虑到监督成本 C 对监督成功概率 γ 的影响，将原有的初始值定义为 $C_0 = 0.05\%$，$\gamma_0 = 0.5$，C 的变化范围为 $[0.04\%, 0.06\%]$，假设在该范围内，监督成本每增加 0.0001%，监督成功的概率增加 0.2%，即设 $\beta_0 = 0.1$，$\beta_1 = 80$，此时对应的 γ 变化范围为 $[0.42, 0.58]$。将这些参数变量输入计算机中，经过模拟，得到的结果如图 4-11 所示。

由图 4-11 可知，在上述条件下，当其他参数不变时，受托人的监督成本 C 与其监督成功的概率 γ 是正相关的，即 C 从 0.04% 增加到 0.06%，γ 从 0.42 增加到 0.58；而在均衡时，投资管理人发生寻租的概率 η^* 则从 0.5861 增加到 0.6366；在受托人达到均衡，受托人进行监督的概率 δ^* 从 0.7937 减少到 0.5747；在投资管理人均衡博弈时，受托人进行监督的概率 δ^{**} 从 0.6803 减少到 0.4926。也就是说，受托人的监督成本与监督成功的概率非独立，关系为正相关，当受托人的监督成本增加时，无论是投资人还是受托人

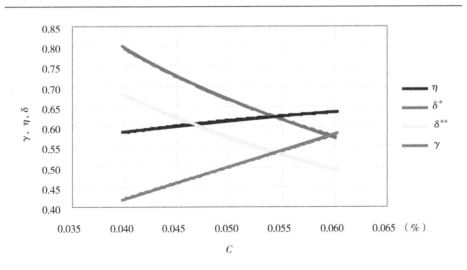

图 4-11　寻租概率与监管概率随受托人获得租金变化的趋势

达到均衡时，投资管理人进行寻租的概率增加，即与其是同方向变化，呈现上升的趋势，而受托人进行监督的概率却是减少的，即与其是反方向变化，呈现下降的趋势。可以观察到如表 4-10 所示的结果。

表 4-10　寻租概率与监管概率随监管成本与监管成功概率变化的情景模拟部分结果

C	γ	η^*	δ^*	δ^{**}
0.0400%	0.4200	0.5861	0.7937	0.6803
0.0500%	0.5000	0.6154	0.6667	0.5714
0.0600%	0.5800	0.6366	0.5747	0.4926

C 从 0.04% 增加到 0.05% 再增加到 0.06% 时，都变化相同的 0.01% 量，可发现 η^* 的变化量分别为 0.6154 − 0.5861 = 0.0293 和 0.6366 − 0.6154 = 0.0212，变化值为正值，在不断增加；从数值上来看，η^* 增加得越来越少，即上升的趋势在减缓。同样地，在投资管理人达到均衡时，受托人进行监督的概率 δ^* 的变化量分别为 0.6667 − 0.7937 = − 0.1270 和 0.5747 − 0.6667 =

- 0.0920，变化值为负值，在不断减少，从数值上来看，δ^* 减少得越来越少，即下降的趋势在减缓；在受托人达到均衡时，受托人进行监督的概率 δ^{**} 的变化量分别为 0.5714 - 0.6803 = - 0.1089 和 0.4926 - 0.5714 = - 0.0788，变化值为负值，在不断减少，从数值上来看，δ^{**} 减少得越来越少，即下降的趋势也在减缓。

在实际中，可以通过增加受托人进行监督的成本，增加了受托人监督成功的概率，却使投资管理人的寻租概率增加，而降低了托管人进行监督行为的概率。因此，可以通过增加监督成本而改进监督效率，但是由于该成本对监督成功产生的效果较弱，反而会使受托人降低进行监督的积极性，监督活动的可能性降低，其敏感性也降低；投资管理人产生寻租行为的概率增加，且增加得越来越少。也就是说，当持续增加相同的监督成本时，对受托人进行监督概率的减少的后期影响效果将会弱于前期；而对于增加投资管理人发生寻租行为概率的后期影响效果也将会弱于前期。

本章小结

本章从参与主体间行为进行博弈的角度对企业年金基金运营中的收益进行深入地研究，在建立主体间的协同模型时，采用了博弈论的方法和情景分析法。首先，通过分析企业年金基金运营的主体协同过程，基于我国现行的信托型企业年金基金运营方式，具体分析以受托人、托管人和投资管理人为主的三方博弈过程，建立三个主体间协同模型，并对监督成本与监督成功概率之间的相关关系对模型进行改进。其次，对模型结果从数学上进行理论推导，分析各个独立变量以及非独立变量的灵敏性。最后，以企业年金基金参与主体间的运营过程为基础，对情景的合理性和变量的发生概率进行分析和评估，在保持其他变量不变的情况下，通过改变一个变量，产生得到大量的不同情景，之后运用计算机进行模拟运算，产生大量情景分析结果，从而形象并直观地反映变化的结果。由此评价各变量的不同作用以及变量之间的相互关系，说明变量与结果之间的结构，并发现因素发生变化对未来结果所产生变化的某些趋势及影响。为企业年金基金运营的收益协同以及完善协同发展的政策措施提供一定的理论基础和依据。

第五章　企业年金基金运营收益协同复合模型研究

第一节　运营收益协同分析

一、协同目标

企业年金基金运营的目标是达到保值和增值的双重目标，也就提出了对运营发展状况的协调性和有效性的复合型要求。保值作为最基本的目标，是要求企业年金基金的运营能够得到持续性的发展，参与运营的各个主体都能够发挥各自的功能，并相互配合共同发展，在运行的链条上不发生断裂，这是对于年金基金系统运营的效果要求。增值是企业年金基金运营能够带来高的投资报酬，是对投入—产出关系的更高要求，对其运营效率的要求。因此其综合效果的评价，不仅仅是给出一个简单具有投入、产出过程的绩效评价，更在于它是一个复杂系统，内部的各个运作主体之间具有密切的相互影响关系，所以在整体评价时，应该是对其在效率和效果方面进行综合的评价。企业年金基金运营在本质上说，其最基本的运行活动本身就是一个典型的投入—产出的过程。委托人投入了自己和时间，管理服务主体投入的是专业人员、时间、信息等。通过运营投资过程，参与主体的产出为各主体获得收益、提供服务、规避风险等。但从根本目的来看，绩效活动的最终目的是促进所有的参与主体，即委托人（也是受益人）、受托人、账户管理人、托管人、投资管理人的共同协调发展和竞争力提高，提升专业化水平，推动企业年金基金行业的发展。因此，对企业年金基金运营协同系统进行考察，不能单纯地只考察企业年金基金运营系统的收益情况，即开始的投入和最后的产出过程；由于企业年金基金运营系统还是一个复杂系统，各个主体的功能和行为都对整体运营结果有重要影响，因此还必须要考察运营活动中主体间的协同发展程度，这种协同程度反映出各自的贡献作用，以及单个个体活动对整个企业年金基金运营所创造的贡献，因此不能只片面地研究其中的任何一方面，应当将两者结合起来共同研究。

在评判企业年金基金运营系统的整体收益时，评价的内涵要包括两个方面：运营的协同程度和收益状况。对运营的协同程度即运营的效果而言，运营活动要能够促进各个主体间的有效配合以及整个系统的协同发展，即每个参与企业年金基金的主体运行的成果都对企业年金基金运营的最终收益具有正向的贡献作用，即提高运营质量。对运营的收益状况即运营的效率评价而言，运营活动的投入—产出的效率要高，即投入的资源要能得到有效的利用，从而获得较高的收益。总体来说，对企业年金基金运营收益的评价应该是上述两方面的综合反映。

二、方法选择

绩效的评价方法有很多，其中常用且具有代表性的包括主成分和因子分析、综合评价、人工神经网络等方法。在使用这些方法时，都是针对评价目标构建评价指标体系，对指标进行赋值，再利用上述方法对指标的数值进行计算，最后将数值结果进行比较，根据优劣进行排序（王建平等，2006）。这些方法的评价结果都是受到指标值的具体数值大小影响的，当指标值在赋值中出现数值较大差距时，影响也较大，也就是说其比较结果是依赖于运算结果的数字大小。对于企业年金基金运行的这一复杂系统来说，每个参与者都可以自成一个子系统，并且相互之间具有紧密的联系和互助作用，已有的单纯评价绩效的方法在考察和定量其协同关系时是否有较好的可行性有待进一步探讨。绩效评价的方法对于企业年金基金运营这一复杂系统的协同度评价则不一定适用。由于企业年金基金运营系统中所涉及的主体数量较多且关系复杂，可从这些众多主体中抽取出其在运营过程中的协同合作的共性特征并结成一定结构规律进行分析，用来判断企业年金基金运营的发展状态，使企业年金基金运营的发展协同性能更加深入、客观和全面，同时还应该结合运营系统所带来的效益，从效果和效率两个方面共同探讨企业年金基金系统的运营结果。

第二节　协调度与熵权法相结合的复合二维模型建立

一、构建思路

考虑到企业年金基金运营结果在发展协同和收益，即运营的效果和效率两个方面的考察目标，可以分别对这两个目标选择适用的方法，再将其结合用系统协调度的方法评价效果，用熵权法评价效率。从两个维度进行评价，可以克服单个方法在单独使用时存在的不足，满足企业年金基金运营的复杂的非线性系统的要求，从系统发展的有序与无序角度以及发展的快慢，进一步揭示系统的内部结构和发展动态。

熵权法是一种客观的赋权方法，避免了在对评价体系指标赋值时可能会掺杂赋值人的主观影响。运用该方法得到的结果是相对的，即其排序结果的有效范围仅仅是在所选择的多个企业年金基金运营系统的比较对象中。也就是说当选择的比较对象的范围和数量发生变化时，结果是不同的，指标的权重大小根据指标的相对变化程度对系统整体的影响来决定。评价企业年金基金运营效果的方法是系统协调度方法，它能够反映出该运营系统内部各个主体间的协同程度，更能够体现系统发展的动态特性以及构成系统的结构性。该方法可以检测被评价的整个运营系统和各个主体之间的协调性，计算得出各个子系统之间的发展协调性，从而反映出各子系统（各主体）对企业年金基金运营这一复杂系统所产生的效果和影响趋势；缺点在于协调度使函数意义不明确，评价结果依赖于对指标绝对值大小的运算结果（尹凡等，2011）。因此本书将系统协同度和熵权法相结合，运用熵权值对企业年金基金运营系统的收益进行效率分析，运用协调度方法对整个企业年金基金运营的发展进行协调性分析，考察各种指标间的效果，从而建立基于熵权法和协调度的复合评价模型（见图5-1）。

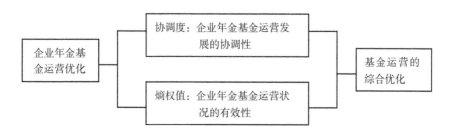

图 5-1 企业年金基金运营协同优化复合模型

二、系统协同度模型

1. 企业年金基金的非线性经济系统分析

系统协同观认为，企业年金基金的协同运营系统是一个非线性经济系统，从参与主体上来说包含了委托人（也是受益人）、受托人、托管人、投资管理人和账户管理人 5 个核心子系统；从功能要素上来讲，也是具有五个相应的功能结构，具有复合系统和耗散结构的特征，企业年金基金协同运营过程是一个非线性系统的演进过程。由于在现实中，它们在运营模式上可以有不同的组合类型，将子系统或者要素之间合并或分解为多个要素，都不影响系统的协同度计算方法，只是在计算数量和指标体系上有区别。因此，该模型具有动态的灵活应变性。

委托人（受益人）、受托人、托管人、投资管理人和账户管理人 5 个主体构成了企业年金基金运营系统的核心子系统，他们之间是相互作用、相互影响以及相互制约的，在外部法规和内部收益等影响因素的共同作用下，他们按照一定的流程和结构结合在一起，构成了具有能够提供整个企业年金基金运营的管理投资功能的有机整体。在企业年金基金运营的整个过程中，系统是与外部环境进行交互和反馈的，外部环境向企业年金基金运营系统输入了政策、法规等各种规范和要求，同时企业年金基金运营系统也向外部环境产出了企业年金基金的管理服务、带动了企业年金产业的发展，维护了社会退休人员的稳定生活等各种社会和经济价值。当企业年金基金运营系统在内部不断变化，各个功能主体间为了获得自身的收益，相互合作，形成了一定的资金流、信息流和能量流等交换过程。进入到一定的阶段时，这些参与主体会自发地形成一定的流程，并以获得更多收益为目标结成某种相对稳定的结构，每一个内部子系统都会为了企业年金基金的持续性运营和发展起到推动作用。在这个过程中，也会将其结果、运营状态以及存在问题等各种信息反馈到外部系统中，希望能够获得更好的税收政策、企业年金运营的规范化细则、外部信用环境等，因此企业年金基金运营系统是一个开放的复合系统。

由于系统内外部的共同影响，企业年金基金运营系统的各个主体也将会自发地进行有序化。这种功能或子系统的有序化是通过企业年金基金的运营在委托人（也是受益人）、受托人、托管人、投资管理人和账户管理人5个核心子系统的内生影响因素和外部环境因素的共同影响下不断向前演进，其序参量是五各子系统间的业务衔接和专业化以及收益分配，从而推动整个系统的演进，这是一个动态的发展过程。对于企业年金基金的运营系统，一方面，养老保障体制的建设产生了企业年金的需求，促进了企业年金基金运营的系统产业集聚，从而将承载不同功能结构的金融服务企业结合到一起。另一方面，企业年金计划自身的运营要求促进了价值链上的企业集聚，两个集聚的结果导致了企业年金基金运营系统中各业务子系统或主体的合作与结盟，专业化促使了市场进行细分，而企业年金的发展是以市场化方式进行的，通过不断的竞争与合作联盟，也促进了参与主体的专业化提升，在资源上进行共享，从而提升市场竞争力。在整个过程中，信息化具有良好的促进作用，能够促进信息的透明度和公平性，能够使更多的主体有渠道可以了解企业年金的运营状况，使监督变得便捷和容易。另外，信息的有效和快速传递能够使提供服务的主体之间进行有效的信息传达，节省时间，快速地做出响应以抓住市场机会获取更多的收益，其最终的促进作用就是推动企业年金基金运营的协同发展，即委托人（受益人）的收益不断增加，各服务子系统的收益也在增加，整个企业年金行业发展在不断增强，整个系统和子系统的专业化程度不断提高，进而竞争力不断增强。

2. 系统协同度模型

考虑到企业年金基金运营协同系统是动态变化的，同时还要关注各个子系统之间的发展水平，因此可选择具有动态性和结构性的协同度模型评价企业年金基金运营系统的发展状况。依据协同学原理，将非线性复杂系统协同度做如下假设（徐浩鸣，2013）：

提供企业年金基金运营管理服务的主体有 N 个，用 S_1，S_2，…，S_N 表示，它们组成了企业年金基金的运营系统 S，分别用 E_1，E_2，…，E_N 来表示各主体的实际状态或发展水平，它们分别是其各自的组成要素的函数，用 E^* 来表示整个企业年金基金运营系统的整体发展水平（李煜和赵涛，2008）。

参与企业年金基金运营的各子主体与整个运营系统的发展水平的关系如下：

$$E^* = \sum_{l=1}^{N} a_l E_l \quad (l = 1, 2, \cdots, N) \tag{5-1}$$

式中，E^* 表示企业年金基金运营系统的整体发展水平；E_l 表示第 l 个主体的发展水平；a_l 表示第 l 个参与主体对于整个企业年金基金运营系统整体的重要性权重。

在时间点 t 时，各主体与这个运营系统的发展速度定义为：

$$\left(\frac{dE_l}{dt}\right)_t = \frac{(E_l)_t - (E_l)_{t-1}}{(E_l)_{t-1}} \tag{5-2}$$

式中，$(dE_l/dt)_t$ 表示在时间点 t 时，第 l 个参与主体或整个运营系统的发展速度；$(E_l)_t$ 和 $(E_l)_{t-1}$ 表示在时间点 t 时，第 l 个参与主体或整个运营系统的发展水平。

可以将各参与主体的单系统协调度 H_l 定义为：

$$H_l = \begin{cases} \exp\left(\dfrac{dE_l}{dt} - \dfrac{dE^*}{dt}\right) & \dfrac{dE_l}{dt} < \dfrac{dE^*}{dt} \\[3mm] 1 & \dfrac{dE_l}{dt} = \dfrac{dE^*}{dt} \\[3mm] \exp\left(\dfrac{dE^*}{dt} - \dfrac{dE_l}{dt}\right) & \dfrac{dE_l}{dt} > \dfrac{dE^*}{dt} \end{cases} \tag{5-3}$$

则可以将整个企业年金基金运营系统的整体协同度定义为：

$$H = \sqrt[N]{\prod_{l=1}^{N} H_l} \tag{5-4}$$

式中，$\dfrac{dE_l}{dt}$ 表示在运营系统内参与主体的发展速度；$\dfrac{dE^*}{dt}$ 则表示整个运营系统的发展速度。

式（5-3）中各部分的具体说明如下：

当 $\dfrac{dE_l}{dt} < \dfrac{dE^*}{dt}$ 时，说明单个参与主体 E_l 的发展速度小于整个运营系统的发展速度，即单个主体 E_l 发展过缓。

当 $\dfrac{dE_l}{dt} = \dfrac{dE^*}{dt}$ 时，说明单个参与主体 E_l 的发展速度等于整个运营系统的发展速度，即处于协调发展的状态。

当 $\dfrac{dE_l}{dt} > \dfrac{dE^*}{dt}$ 时，说明单个参与主体 E_l 的发展速度大于整个运营系统的发展速度，即单个主体 E_l 发展过速。

根据式（5-3），企业年金基金运营系统 E^* 的各个参与主体的单系统协调度 $H_l \in [0, 1]$，当且仅当 $\dfrac{dE_l}{dt} = \dfrac{dE^*}{dt}$ 时，达到最大值。

三、熵权模型

1. 熵权模型原理

"熵"原本是热力学的概念，最早是应用在信息论中的，目前已广泛的应用于工程技术、社会经济等众多领域。在信息论中，熵（Entropy）是随机事件不确定性的量度（Shannon，1948），也可以度量数据所提供的有效信息量。在随机过程中，事件发生的不确定性越大，其信息熵值也就越大（Maqueen & Marschak，1975）。显然，在评价社会经济指标时，指标值离散程度越小，其分布的信息熵值就越大。也就是说，用熵来确定的权重，对于在某项指标上的值而言，评价对象相差越大，那么熵值就较小，这说明了这个指标所提供的有效信息量越多，因此权重也应越大。反之，若是评价对象的差值越小，那么熵值反而较大，说明这个指标所提供的有效信息量越少，因此权重也应越小。当熵值达到最大，也就是被评价对象的值完全相同时，说明该指标并没有向决策提供任何有效信息，可考虑将其从评价的指标体系中除去（邱宛华，2002）。因此用熵来测量评价指标的权重是一种客观赋权方法。将企业年金基金运营看作一个评价的系统，通过计算"熵"，根据各项监测指标值的差异程度来确定各个相应的权重。

使用熵权需要明确的是，在决策评估问题时，熵权是没有实际意义的，也就是说不能直接地表达指标在实际中的重要性。熵权具有客观性，但其有效性是相对的，只在给定了评价对象集的范围内有效。在确定的评价指标体系下，由于采集信息的量的多少及数据的多寡都会计算得到不同的熵权，所以，熵权是从信息有效应性的角度考虑，体现该指标在该问题中的重要程度。

企业年金基金运营绩效水平的评价以影响企业年金基金功能状态的因素作为评价指标，通过计算这些因素指标差异程度的大小来评价影响企业年金基金功能状态的差异程度。若某一影响企业年金基金功能状态的因素指标对于其他企业年金计划的差异程度越小，说明该影响因素指标对区分和评价企业年金基金功能状态的作用相对越小（信息量小），其对应的信息熵也就越大；反之亦然，若某一影响企业年金基金功能状态的因素指标对于其他企业年金计划的差异程度越大，说明该影响因素指标对区分和评价企业年金基金功能状态的作用相对越大（信息量大），其对应的信息熵也就越小。影响企业年金基金功能状态的因素指标差异程度越小，反映了该指标在企业年金基金运营绩效水平评价体系中的评价地位，而影响因素指标差异程度的大小恰恰可以用信息熵方向替代度量。因此在研究中，可以信息熵值来度量影响因素指标的差异程度，为不同的影响企业年金基金运营绩效的因素指标赋予恰当的权重，从而进行不同的影响因素指标的企业年金基金运营绩效水平的评价。

2. 熵权的模型建立

在信息熵的理论中，熵的计算公式如下（王德禄，2007）：

$$G = -k \sum_{j=1}^{n} f_{ij} \ln f_{ij} \qquad (5-5)$$

式中，G 表示熵；k 表示波尔兹曼常数；f_{ij} 表示系统状态实现概率。

（1）定义特征矩阵。设企业年金基金运营系统有 n 个评价对象，m 个评价指标，用 x_{ij} 表示第 i 个指标在第 j 个对象的原始数值，则可建立 $m \times n$ 阶指标特征数量矩阵：

$$X = \begin{bmatrix} X_1 \\ X_2 \\ \vdots \\ X_m \end{bmatrix} = \begin{bmatrix} x_{11} & x_{12} & \cdots & x_{1n} \\ x_{21} & x_{22} & \cdots & x_{2n} \\ \vdots & \vdots & \ddots & \vdots \\ x_{m1} & x_{m2} & \cdots & x_{mn} \end{bmatrix} \begin{pmatrix} i = 1, 2, \cdots, m \\ j = 1, 2, \cdots, n \end{pmatrix} \tag{5-6}$$

可以用以下两种方法对不同类型的指标值进行标准化处理：

1）方法 1。令

$$r_{ij} = \frac{x_{ij}}{\sum\limits_{j=1}^{n} x_{ij}} \tag{5-7}$$

该种标准化方法的优点是能够使

$$\sum_{j=1}^{n} r_{ij} = 1 \quad (i = 1, 2, \cdots, n) \tag{5-8}$$

如果将 R_i 看作随机变量，则 r_{ij} 视为 R_i 的概率分布。需要注意的是在使用该种方法时，对于原始数据具有非负的要求。

2）方法 2。考虑到原始数据的数值可能有正有负，对于之后求对数无意义，另外将标准化的取值限定在 [0, 1]，可以确保结果均为非负，需要注意其总和不等于 1。

其中，对于收益性指标或者越大越优准则的指标而言，公式如下：

$$r_{ij} = \frac{x_{ij} - \min\limits_{j}\{x_{ij}\}}{\max\limits_{j}\{x_{ij}\} - \min\limits_{j}\{x_{ij}\}} \tag{5-9}$$

对于成本性指标或者越小越好的指标而言，公式如下：

$$r_{ij} = \frac{\max\limits_{j}\{x_{ij}\} - x_{ij}}{\max\limits_{j}\{x_{ij}\} - \min\limits_{j}\{x_{ij}\}} \tag{5-10}$$

从而得到标准化后的指标矩阵如下：

$$R = \begin{bmatrix} R_1 \\ R_2 \\ \vdots \\ R_m \end{bmatrix} = \begin{bmatrix} r_{11} & r_{12} & \cdots & r_{1n} \\ r_{21} & r_{22} & \cdots & r_{2n} \\ \vdots & \vdots & \ddots & \vdots \\ r_{m1} & r_{m2} & \cdots & r_{mn} \end{bmatrix} \begin{pmatrix} i = 1, \ 2, \ \cdots, \ m \\ j = 1, \ 2, \ \cdots, \ n \end{pmatrix} \tag{5-11}$$

式（5-11）中，r_{ij} 为第 i 个评价指标在第 j 个方案下的指标规范值。

（2）定义熵。

1）计算第 i 个评价指标在第 j 个方案下的指标比值为 f_{ij}：

$$f_{ij} = \frac{r_{ij}}{\sum_{j=1}^{n} r_{ij}} \tag{5-12}$$

其中，$\sum_{j=1}^{n} r_{ij}$ 表示第 i 个评价指标的累计总分值。

2）可将第 i 个评价指标的熵定义为：

$$G_i = -k \sum_{j=1}^{n} f_{ij} \ln f_{ij} \quad (i = 1, \ 2, \ \cdots, \ m) \tag{5-13}$$

其中，$k = \dfrac{1}{\ln n}$ 代表波尔兹曼常数，n 代表方案的个数。设定，当 $f_{ij} = 0$ 时，令 $f_{ij} \ln f_{ij} = 0$。

（3）定义熵权。

1）计算第 i 个评价指标的差异度 D_{ij}：

$$D_{ij} = 1 - G_i \quad (i = 1, \ 2, \ \cdots, \ m) \tag{5-14}$$

2）定义第 i 项指标的熵后，定义第 i 项指标的权重系数为：

$$\omega_i = \frac{D_i}{\sum_{i=1}^{m} D_i} \quad (i = 1, \ 2, \ \cdots, \ m) \tag{5-15}$$

也等价于：

$$\omega_i = \frac{1 - T_i}{m - \sum_{i=1}^{m} T_i} \tag{5-16}$$

其中，$0 \leqslant \omega_i \leqslant 1$，且 $\sum_{i=1}^{m} \omega_i = 1$。

通过以上的公式可以计算出企业年金基金运营绩效的评价指标集的熵权。

（4）计算系统熵权值。在求得的各个评价指标的熵权基础上，计算第 j 个评价对象的系统熵权值：

$$W_j = \sum_{i=1}^{m} r_{ij} w_i \tag{5-17}$$

其中，$0 \leqslant W_j \leqslant 1$，通过比较系统熵权值的大小，说明多个评价对象即多个企业年金基金运营系统的效率高低。企业年金基金运营的系统熵权值简称熵权值。

第三节　模型结果的分析与应用

一、模型结果的分析

以熵权法计算值作为横坐标，表示企业年金基金运行效率的大小；以协调度数值作为纵坐标，表示企业年金基金运行的效果，从而组成了二维坐标平面。某个评价目标或者系统都具有自己对应的一个坐标点 (W, H)，以此确定其在坐标中的具体位置。根据所建立的模型，两个坐标的取值范围都在 $[0, 1]$，即熵权值和协调度的取值是 $W \in [0, 1]$ 和 $H \in [0, 1]$。根据实际需要或是评价目标的要求确定一个适当的参考值 W^* 和 H^*，可以将横轴、纵轴分别划分为两个部分，用来判别企业年金基金运营有效性和效果的高低，这样就形成了一个具有 4 个区域的坐标图，如图 5-2 所示。

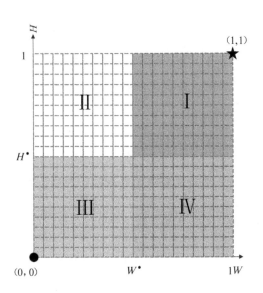

图 5-2　协同优化模型结果示范区域

其中，$W^{\bullet}$ 和 $H^{\bullet}$ 的取值可以选择各自在计算过程中的均值，具体如下：

$$W^{\bullet} = \overline{W} = \frac{1}{m}\sum_{i=1}^{m} W_i，W^{\bullet} \text{ 是相对多个比较目标的平均值。}$$

$$H^{\bullet} = \overline{H} = \frac{1}{N}\sum_{l=1}^{N} H_l，H^{\bullet} \text{ 是各个子系统协调度的平均值。}$$

对于某个坐标中的某个具体的点来说：

（1）处于区域 I，(W, H)，$W \in [W^{\bullet}, 1]$，$H \in [H^{\bullet}, 1]$ 的评价对象，它的熵权值以及协调值都高于参考值，说明处于这个区域的评价对象的企业年金基金运营的效率高，且与整个运营系统良好协调，该企业年金基金功能绩效好。

（2）处于区域 II，(W, H)，$W \in [0, W^{\bullet})$，$H \in [H^{\bullet}, 1)$ 的评价对

象，它的协调值高于参考值但熵权值低于参考值，说明处于这个区域的评价对象的企业年金基金运营的效率低，且与整个运营系统良好协调，该企业年金基金绩效属于中等水平。

（3）处于区域Ⅲ，(W, H)，$W \in [0, W^\bullet)$，$H \in [0, H^\bullet)$ 的评价对象，它的熵权值以及协调度数值都低于参考值，说明处于这个区域的评价对象的企业年金基金运营的效率低，且与整个运营系统不协调，该企业年金基金绩效低。

（4）处于区域Ⅳ，(W, H)，$W \in [W^\bullet, 1)$，$H \in [0, H^\bullet)$ 的评价对象，它的协调值低于参考值但熵权值高于参考值，说明处于这个区域的评价对象的企业年金基金运营的效率高，且与整个运营系统不协调，该企业年金基金绩效属于中等水平。

二、模型结果的比较

1. 对于落于不同区域的点来说，可以比较其综合评价结果的优劣

协调值所代表的评价效果是反映企业年金基金通过多个参与主体的协同作用，能够使其持续运营，并向着正确的方向运营；而熵权值代表的评价效率，是反映企业年金基金功能的生产率快慢，是运营效率。比较两者时，我们认为持续性的运营及不断裂的价值链即安全性是首要考虑的目标，即效果比效率更为重要，所以在评价其运营的综合绩效时，可以得出评价结果的排序为Ⅰ>Ⅱ>Ⅳ>Ⅲ。

2. 对于处在同一区域内的多个评价对象，可以根据其与（1，1）点的距离加以对比分析

用距离的关系来反映其优劣关系，可以用 TOPSIS 方法来比较（徐玖平

和吴巍，2006），步骤如下：

评价模型的计算结果的取值是 [0，1]，即为规范化的决策矩阵，当对 n 个评价结果进行比较时，设方案集为 $Z = (Z_1，Z_2，\cdots，Z_n)$，属性集为 $F = (W，H)$，决策矩阵 $Z = (z_q)_{n \times 2}$，第 q 个方案 Z_q 可记为 $z_q = (W_q，H_q)$，$q = 1，2，\cdots，n$，规定属性的权向量为 $b = (b_1，b_2)$，满足 $b_1 + b_2 = 1$，b_1，$b_2 \geq 0$。

（1）设定正理想解 Z^+ 为 (1，1) 和负理想 Z^- 为 (0，0)，即确定正理想方案和负理想方案如下：

$$Z^+ = (1，1)，Z^- = (0，0) \tag{5-18}$$

（2）计算各方案分别与正理想解和负理想解的 Euclid 距离 d_q^+ 和 d_q^-：

$$d_q^+ = \|z_q - Z^+\| = \sqrt{(W_q - 1)^2 + (H_q - 1)^2}$$

$$d_q^- = \|z_q - Z^-\| = \sqrt{W_q^2 + H_q^2} \tag{5-19}$$

（3）计算各方案与正理想解的相对贴近度 Y_q^+：

$$Y_q^+ = \frac{d_q^-}{d_q^+ + d_q^-} \tag{5-20}$$

显然，如果 $z_q = Z^+$，那么 $Y_q^+ = 1$；如果 $z_q = Z^-$，那么 $Y_q^+ = 0$；$0 \leq Y_q^+ \leq 1$。当 $Y_q^+ \to 1$ 时，方案 Z_q 接近 Z^+。

（4）排列方案的优先序：按照 Y_q^+ 的降序排列，前面的优于后面的。

三、模型结果的应用

上文具体说明了对于不同的评价结果的比较方法，对于落于坐标轴不同区域的评价结果，具体的应用如下：

1. 评价结果 $z_q = (W_q，H_q)$ 位于区域 I

评价对象的熵权值和协调值都高，说明该企业年金基金绩效好，它离负

理想点 $Z^- = (0, 0)$ 的距离远，但与正理想点 $Z^+ = (1, 1)$ 较近。此时可向着正理想点的位置移动，缩短与其的距离，使其整体的评价绩效更优，如图5-3所示。加强不同功能或子系统之间的相互配合，如信息的交流和共享等来提高协调值，或加强某个功能或子系统自身的运行效率，如提高服务质量和通过培训提高专业能力等方法来提高效率。当然也可以同时从两个方面进行提升，使整个企业年金基金运营的综合效果得到显著的提升。

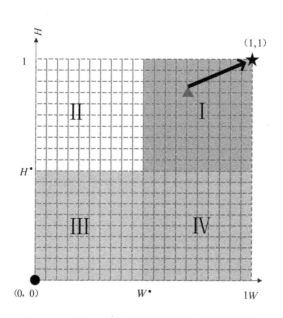

图5-3　区域Ⅰ的协同优化模型结果改进路径

2. 评价结果 $z_q = (W_q, H_q)$ 位于区域Ⅱ

评价对象的协调值高但熵权值低，说明该企业年金基金效率较低，不能达到所设定的要求。应该通过提高熵权值，向着区域Ⅰ的方向作为改进的重点，之后再向着正理想点 $Z^+ = (1, 1)$ 进行改进，如图5-4所示。首先，应重点改进某个功能或者子系统的运行效率，可以与业绩突出的同行进行对比，学习和借鉴别人的优点，其次，提高自身内部的综合素质，再提高服务质量、专业能力等方面来提高效率。当进入区域 I 后，需要同时兼顾与其他功能或子系统之间的相互配合与协作，并缩短协调值向着正理想点 $Z^+ = (1，1)$ 的距离。

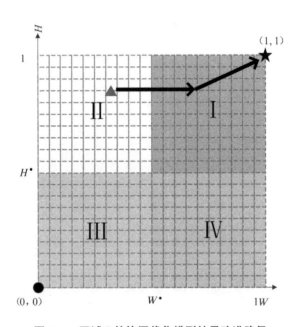

图 5-4　区域 II 的协同优化模型结果改进路径

3. 评价结果 $z_q = (W_q，H_q)$ 位于区域 III

评价对象的熵权值和协调值都低，说明该企业年金基金绩效差，由于企业年金基金运营目标的要求，持续性的运营比效率更为重要，应先提高协调值，向着区域 II 的方向作为改进的重点，之后再提高熵权值，向着区域 I 移动，再向着正理想点 $Z^+ = (1，1)$ 进行改进。首先重点改善功能或子系统间的协调合作与互动，通过建设和完善信息渠道，加强不同功能或子系统间的业务衔接和信息共享等；其次通过提高服务质量、专业能力等方面来达到提高效率。最终向着正理想点 $Z^+ = (1, 1)$ 移动，如图 5-5 所示。

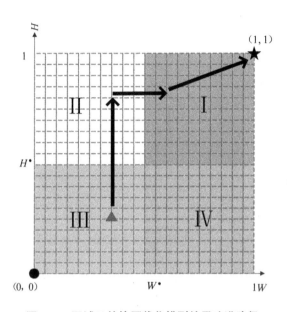

图 5-5 区域Ⅲ的协同优化模型结果改进路径

4. 评价结果 $z_q = (W_q, H_q)$ 位于区域Ⅳ

评价对象的熵权值高但协调值低，说明该企业年金基金的协调差，不能达到所设定的要求，影响了整个企业年金基金的运营状况。应该通过提高协调值，向着区域Ⅰ的方向作为改进的重点，之后再向着正理想点 $Z^+ = (1, 1)$ 进行改进，如图 5-6 所示。首先应重点改进不同的功能或者子系统的相互配合和协作，如改进利益分配、业务衔接、信息不对称、沟通方式、响应速度等方面存在的问题，以提高整体的协同能力。当进入区域Ⅰ后，需要同时兼顾该功能或子系统自身效率的提高，而缩短与正理想点 $Z^+ = (1, 1)$ 的距离。

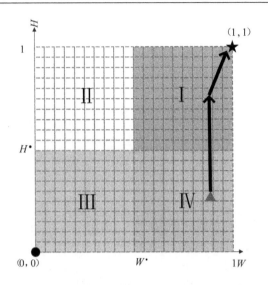

图5-6　区域Ⅳ的协同优化模型结果改进路径

本章小结

　　本章基于对企业年金基金运营的收益协同绩效进行安全性和收益性两方面的评价要求，通过对不同绩效评价方法的对比分析，从有效性和协调性两个维度建立收益协同绩效评价复合模型。使用具有客观性特点和优势的熵权法来评价企业年金基金运营的有效性，说明其运行的效率；通过对企业年金基金运营非线性经济系统的分析，建立具有能够体现动态发展变化的协调度模型，评价该运营系统各个指标或子系统之间的协调性，说明其运行的效果。并将两者结合，建立基于熵权法和协调度的复合二维评价模型。建立二维坐标轴，对可能出现的模型结果进行分析和比较，并针对评价结果提出改进的路径。

第六章　我国企业年金基金运营的
收益协同保障措施

本章结合我国当前的实际情况，在定性方面，研究我国企业年金基金的运营机制，包括运营过程中各利益相关方的需求、行为特点、现行规定等，以及它们之间的相互协作与影响；在定量方面，从全局的角度围绕整个运营过程，对各利益相关方构建企业年金基金运营的主体系统模型和系统运营收益协同模型。定量和定性相结合对企业年金基金运营主体间的利益分配进行研究，可以发现各利益相关者之间的利益冲突，找出应对我国在企业年金基金运营中存在问题的解决对策和保障措施。

第一节　我国企业年金基金运营的投资管理措施

一、选择恰当的投资管理模式

我国企业年金的投资管理方式是由企业和职工委托具有法人资格的机构进行管理，或者是成立基金理事会进行管理。我国职工个人目前不能自主选择企业年金基金的服务提供者，即实际上是由企业为职工挑选受托人，职工本身没有选择性，也就导致了职工参与企业年金基金运营的积极性不高，更不用说在投资过程中对其进行监督和管理了。由于我国企业年金基金理事会的成员并不是直接的受益人，理事会成员对于企业年金管理的职业道德和专业素养都还比较薄弱，就使得在发生法律纠纷或是维权时，无法明确主体的法律地位，从而无法使主体获得应有的待遇，受到法律的保护。我国企业年金基金在运营过程中出现的主体缺位现象，在企业年金基金运营开始的环节就埋下了隐患。因此，应加强职工对企业年金基金的认识和选择能力，让职工拥有实际的自主选择权，作为委托人和受益人能够自主地选择符合自己需要的企业年金基金计划和服务者，把企业年金基金的投资运营当作是自己的事，同时也应将企业年金基金理事会独立，与企业和职工分离，目的就是帮助企业和职工选择和管理合适的委托人进行基金管理，并使理事会成员具有基金管理的专业化能力。企业年金基金会层次的确定，可以根据企业自身的实际情况，考虑企业年金基金的规模大小、企业对资金的投资管理能力和可操作性、企业文化与人力资源计划的战略布局，企业和职工对风险的偏好等，综合衡量上述因素，选择适合自身的管理方式。例如大企业和企业集团在与企业年金的供给方即服务主体谈判时，具有较强的议价能力，可以考虑独自建立自己的企业年金基金会进行管理；对于实力较弱的小企业或者民营企业来说，独立设立年金理事会的成本较高，可以考虑多家企业联合，共同建立基金会，分散单个企业的成本和风险。总体来说，就是要根据企业自身的状况，给予职工自主选择权，结合实际情况设立多样化的管理类型，满足不同的需求，有针对性地提高企业年金基金的运营质量。

在我国，不是所有具有相对应资源、能够提供管理服务的金融机构都能够成为企业年金基金运营的参与主体，我国出台了相关的法律条例对主体资格进行了确认，对行为规范都有较为明确的规定。在选择受托人时，可以借鉴国外经验，从其经营是否稳健、资产的质量是否有保证、风险控制措施是否完善、综合实力的强弱等方面给予考虑，还可以结合其过往管理企业年金基金的收益情况综合考虑。在选择提供服务的管理机构时，如果企业年金基金的规模较大，企业的行业地位较高，在和受托人进行谈判时就具有较强的议价能力，能够获得规模优势，以较低的管理费率获得投资管理服务，可以考虑选择针对该企业定制的单一年金计划；如果企业年金基金的规模较小，为了节省考查投入，可以考虑集合计划。

二、拓宽企业年金基金投资渠道

我国对企业年金基金的投资仍然限定在国内范围，出于安全的考虑，主要集中在具有良好流动性的金融产品方面。并对银行存款、国债、股票以及其他产品的投资类型和比例有明确的要求，尤其是对股票的比例有不得超过30%的严格要求。但是根据国外的实践经验，股票或其他权益类证券的增值能力明显地高于国债和银行存款（陈久立，2012）。因此权益类投资产品对受益人和投资管理人都具有很大的诱惑性，在能够将风险控制在一定范围内时，信用等级较高的企业债券、金融债券（李杰，2005）也具有很强的收益率，可以考虑在今后将其扩展在投资内容中。随着我国资本市场的发展和不断完善，资本市场的运行更为规范，监督更有效率，参与企业年金基金服务主体的数量和质量也会随着竞争具有更强的管理能力并提供更高收益的企业年金产品，另外，资本市场的投资工具也将越来越丰富，并逐步完善，如可以利用对冲的方式锁定风险。也可以考虑放宽投资市场范围，允许适当的海外投资，可选择风险较低的海外债券，分散国内金融市场的风险。随着金融市场的逐步开放，应当注重金融衍生产品的应用和开放，如引入股指期货市场，提高股票现货市场竞争效率；在投资策略的设计时，可考虑用期权的方法设计企业年金基金的保值策略。通过合理地运用各种投资工具，将企业年金的投资风险在一定程度上进行有效管控，从而使基金运营的增值获得一定的保障。同时，应注意在使用这些金融投资工具时，要对金融市场的发展程度以及金融机构服务水平相互匹配。

三、建立企业年金管理风险补偿机制

企业年金基金资产是由投资管理人进行市场分析的，结合我国法律法规对企业年金投资内容和比例的限制，做出投资决策，由具有独立性特点的受托人进行市场运作。该项投资活动具有活跃金融市场的经济意义，同时也能使基金资产通过投资获得较高的收益，受益人在退休后能够达到较好的生活水平。企业年金基金的运营是一个复杂的动态过程，其中涉及众多的参与主体，产生了多重委托代理关系，因此可能在运营过程中产生信用、道德、操作等风险，严重影响着企业年金的安全性，影响企业年金基金运营的保值目标的实现。如果该项投资活动无法满足职工资金收益目标，职工就不会选择企业年金作为养老计划，而是通过别的渠道规划自己的财产。为了能够很好地约束企业年金基金管理服务的主体性，在投资决策、监督执行、投资执行等各个环节能够更加谨慎和细致，加强对风险的控制，应建立管理的风险补偿机制，以保护受益人的利益。我国的企业年金基金还处于初级发展阶段，人们对企业年金的认识还较模糊，信息披露不完善，资产的使用情况和投资收益等信息的透明度不高，参与主体对于相互监管的认识和能力都较为薄弱，建立企业年金积极的风险补偿机制能够很好地解决以上问题，积极地推动我国企业年金的迅速发展。《企业年金基金管理办法》对风险准备金的使用和提取比例已经进行了明确的规定，但还缺乏更为明确的操作细则。要使风险补偿机制能够发挥其作用，需要明确补偿的主体和补偿标准以及所设定的风险补偿水平确实能弥补受益人的损失，起到约束投资管理主体行为的作用。

我国的企业年金属于缴费确定型，因此受益人是企业年金基金的投资管理风险最终承担者，受益人没有投资决策权，就我国企业年金的建立和发展来看，作为委托人的职工来说也未能实现真正的自主选择，从而影响其对企业年金基金在运营过程中除缴费外对其他环节监督的积极性。在我国现行的企业年金治理结构下，受托人要对委托人负责，并处于整个运营的核心枢纽地位，而由于受托人与受益人两者之间的权利和责任不对称，为了保护受益人的权益，就有必要对受益人可能遭遇的投资风险确定一个最低的收益标准来进行补偿。现行的不得向委托人承诺最低收益或分担损失的规定，对受益人来讲是不公平的，可以通过设定合理的参照物，确定投资风险补偿的标准。

第二节　我国企业年金基金运营的协同监督措施

一、严格执行企业年金信息披露和渠道建设

企业年金基金存在的信息不对称，是运营中产生风险、影响基金运营收益的主要原因，而我国还未建立完备的企业年金信息制度，相关的法律法规也不健全，因此，应建立一套能够涵盖企业年金运营各环节的信息披露与报告制度，畅通信息通道，改善企业年金运营中多重代理产生的信息不对称状况，降低风险发生的可能性，保证信息的真实有效。借鉴国际经验，企业年金基金管理机构要将企业年金计划的有关情况和信息、免税报表、账户报告、

年金基金面临的各种风险、可能会造成重大影响的事件等，向政府、税务部门、人力资源和社会保障部门、企业年金其他管理服务提供主体、委托人和受益人以及监管的第三方机构等作出相应的报告和解释说明。在相关的渠道建设上，还要围绕监管的目标及运营信息技术系统，建立能够覆盖全国的网络化信息传递渠道，在企业年金基金主体间建立信息共享结构，实现运营协同的信息通道，实现监管的信息共享。严格执行信息披露与通畅的渠道建设，一方面，能够进行有效的监管，提高主体间内部以及与监管机构等的协同程度，便于获取信息并进行实时跟踪，真正提高企业年金基金运营的整体收益；另一方面，信息能够在各个主体间即时地上传下达，能够快速地进行响应，抓住市场机会，实时跟踪管理行为，降低运营风险及信息不对称性，从根本上提高企业年金基金运营的质量。

二、基于流程的功能性协调监督

企业年金基金运营涉及多个主体，运营环节复杂且环环相扣，既包括方案设计、委托代理、投资运营、收益分配和内外部监管诸多复杂的关系网络，也面临着通货膨胀、操作、市场和道德等多样化的风险，因此必须对其进行风险的管理与控制，建立系统动态的全面风险管理和战略思维，对企业年金运营的内部和外部进行监督和管控，从而保证企业年金资金的安全，有效地规避和防范风险，提高企业年金基金运营的整体收益。目前我国对企业年金的监管主要由人力资源和社会保障部、保监会和证监会三方来进行，这3个机构本身还肩负着其他领域的监督管理职能，无法对所有的企业年金基金计划以及相关的运营环节都进行监管。这种联合监管的方式也易造成各方责任不清的缺点，且监管专业性不强。因此应充分发挥第三方机构的监督职能。由于企业年金基金是进行市场化运作的，应该依靠市场的机制进行监管。充分调动企业年金基金运营的所有参与者，主动地、积极地参与监管。从运营的流程入手，进行功能性的协调监督；在企业年金的建立和缴费环节，提高职工和企业对企业年金的认识和管理能力，充分发挥委托人的积极性，可由职工自发地组织人员对运营环节进行监督；对于提供管理服务的主体，每一个参与者都肩负着监督的职能。受托人在管理环节要对托管人运用资产的行为进行监督，对投资管理人提出的投资决策进行快速地核查，对比账户管理人的记录进行核对；投资管理人承载着市场投资的功能，要负责对托管人和受托人进行决策传递，可以监督托管人是否按照决策及时地执行市场投资；账户管理人承担的是记录账户信息的职能，也能通过资产变动的情况发现问题，并作出预警。在运营流程中充分地发挥各个主体，进行协同监督能够更为直接和有效的管控风险。

三、明确监督的处罚力度和主体退出机制

从理论分析和模型化定量分析得出，在不增加人力资源和社会保障部、证监会、保监会、银监会等监督机构的负担，也不增加企业年金运营的内部成本，即支付给受托人的监督成本和委托人（或受益人）自身的监督成本，对企业年金基金运营的投资管理人、受托人进行监管时，加重处罚力度可以有效地降低企业年金基金参与主体进行违约活动的概率。该处罚力度可以包括两方面内容。

1. 加重处罚金额的倍数和明确罚金归属

《企业年金基金管理办法》规定了，企业年金基金的理事、理事会和企业年金基金管理机构发生违法行为造成损失时应承担相应的责任，并承担赔偿责任。但与我国企业年金基金运营有关的法律法规中，并未对违法行为的

处罚力度即处罚金额或处罚倍数进行明确的规定，同时也未对处罚金的归属有明确的说明。高额的罚款会对主体违约和违法行为具有更强的约束效力，减少主体进行不法行为的期望收益，使得主体在实施行为前更加慎重，从而有效地减少违约行为。另外，明确处罚金的归属问题可以激励处罚金归属人对企业年金基金运营过程中的监督活动，从而形成积极的全过程和持续性监督行为，更为有效地保障企业年金基金的有效运营。

2. 建立并落实主体资格的退出机制

我国对能够参与企业年金基金管理的机构有严格和明确的审核条件，并出台了相关的法律条例使其得以实施，从而在一定程度上保障了企业年金基金运营的安全性和有效性。但在市场准入机制条件下，还应该有相对应的市场退出机制，使得市场开展良性竞争并体现公平性，保持机构的活力，使得机构能够不断完善自我的业务能力和资源整合能力，提高企业年金基金的运行效率。退出机制能够鞭策机构不断地向前发展，在企业年金基金的运行中以客户为导向，规范自己的行为，减少造成重大损失的行为。《企业年金基金管理办法》明确规定，对于有3次以上违法记录，或1次以上经责令改正而不改正的，将在其资格到期后的5年内不再受理其开展相对应的管理业务申请。但尚未对违法行为产生后至资格到期日之间的行为进行说明，也未对永久失去资格的情况进行规定。在拥有了严格准入机制的同时，也应该建立相对完善的退出机制，从而确保企业年金基金管理市场的有序良性竞争，提高其运营的效率和监管协调性。

第三节　我国企业年金基金运营
收益协同的配套措施

一、完善企业年金基金运营的法律环境

将企业年金建设成为养老保障的第二支柱，已经在相关法律中得到了充分的肯定，2011年施行的《企业年金基金管理办法》，废止了2004年施行的试行办法，通过比较，新的管理办法对运营主体的职责和权利有了更明确的界定，对于投资的内容和比例进行了重大的调整，并对风险准备金等方面都更为细化。但一些具体的操作性规划文件仍然还没有出台，例如，在企业年金运营各阶段设计的多种类税收的优惠政策、第三方的服务中介机构准入资格以及第三方公信力的地位等。另外，企业年金基金运营的外部信用环境，也将是影响我国企业年金以信托方式进行运营的重要因素。当前我国法律属于大陆法系，所有权的概念和国外不同，我国开展企业年金基金的信托运营中存在着主体法律地位的缺失等问题，主体责任和权利的不对等，无法明确地界定各主体的责任地位，缺乏相应的处罚措施，使失信者所得到的实际利益和好处足以抵付其所付出的代价等，从而影响了主体履行职责的积极性，加重了违约的风险。正是由于这些原因，使企业年金的建立和发展受限，覆盖面仍然很低，也影响企业年金基金主体协同投资运营的效率。因此，当前我国政府应加大立法力度，尽快出台相关的税收优惠政策，完善与信托制度相关的法律法规，设立有效的社会信用征信法律制度，改善企业年金基金运

营的信用环境，对企业年金运营主体的监督和处罚力度进行明确规定，对企业年金主体资格的退出、企业年金的投资运营等方面进行法律规范。

相关政策的推行应当分步实施、因地制宜。由于企业年金的建立是自愿选择的而非强制执行，企业和职工可以根据自己的意愿和对收益率等进行综合考虑，选择是否参与企业年金。我国目前是以出台相应的税收优惠政策的方法来激励企业年金的建立和发展，由于大型国有企业、民营企业以及跨国企业等使企业和职工形成不同的消费需求、投资理念，对企业年金的认知也不同，同样的税率对企业和职工的激励效果不同，因此需要出台相关政策，并加强有关企业年金政策的宣传工作。

由于区域差异，如地区间的经济发展水平、外部信用环境、平均工资差异都将影响企业年金的缴费水平，影响运营质量以及最终受益人能够领取到的年金，而提供服务的主体的管理费率与该地区的金融服务环境、企业之间经济效益、企业的议价能力以及基金规模息息相关，在鼓励建立企业年金的同时，也要兼顾公平原则，建立能够保障企业年金基金运营的规范，同时不断地完善企业年金基金运营的外部环境，形成良好的竞争和合作的环境，促使我国企业年金能够持续地稳定发展。

二、多种类和多阶段的企业年金税收优惠政策

税收是与我国的财政收入有关，与社会再分配密切联系，同时税收政策是国家产业政策的重要内容。西方学者普遍认为，税收的优惠政策是"二战"后企业年金快速发展的源泉。在中国，优惠的税收政策同样也会对企业年金的发展有重要的促进意义。我国企业年金发展缓慢，在很大程度上在于税收优惠政策的类型和激励程度不足。单一的企业所得税优惠且比例很低，从企业年金的开始环节就降低了企业和职工的参与积极性。结合我国企业年

金基金运营的全流程，开展并促进我国企业年金发展的多种类和多阶段的税收政策，对我国企业年金健康和有序发展具有重要的推动作用。

在企业年金运营过程中都会涉及不同类型的税收，并受到税收政策的影响，这三个阶段分别为缴费阶段、投资收益阶段和领取阶段（卫健，2007）。但我国仅在缴费阶段对企业的所得税有明确的优惠政策，对于个人所得以及其他两个阶段中存在的税收问题都未涉及。

在缴费阶段，我国企业年金主要涉及企业所得税和个人所得税。当前的政策是企业享有在缴纳的工资总额4%以内部分可以作为成本的优惠税收政策。但是该税率的激励力度不够，不足以实现替代率达到20%的目标，应该提高优惠比例至10%~15%。但是对于企业职工来说，我国并未对该项涉及的个人所得税收有明确的说法和政策。在借鉴国外经验的基础上，应当对企业缴费部分给予职工个人以免税待遇；鉴于我国未来的发展状况，考虑收入水平的不均衡性，在工资的一定比例范围内，对于个人缴纳的企业年金部分，应鼓励在税前扣除。目的是通过缴纳企业年金，使个人无须纳税，相当于增加了当期的现金收入，这样既产生了既得利益，又达到鼓励职工建立企业年金的作用。

在投资阶段，我国企业年金主要涉及利息税，当前的政策并未明确可以同公共养老金的个人账户方式积累一样予以免税的鼓励政策，使我国企业年金的投资无法得到有效的激励，在整个运营环节中，由于投资过程是一个至关重要的环节，承担着所有参与主体获取收益的重担，因此明确和减免该项利息税的优惠政策能够更好地促进企业年金投资的绩效，增加受益人的收益。

在领取阶段，我国企业年金主要涉及个人所得税，特殊情况发生时涉及遗产税和赠与税。应考虑基本养老金的发放数额以及当时的生活水平。确定合理的税率缴纳个人所得税，使职工在退休后的生活能够达到预期，促进职工建立和缴纳企业年金。

总体来说，企业年金的目的是为了提高退休后的生活水平，直接关系着运营所带来的收益。增加缴费规模、激励投资过程、增加最终收益都是与国家对企业年金的税收优惠政策紧密相连的，因此应对企业年金基金运营的三个不同阶段明确并设计合理的多种类税收优惠政策。

三、多渠道的企业年金宣传

尽管国内参与企业年金的企业数量和职工人数的增长速度很快，但是覆盖率仍然很低，众多的企业和职工仍然对企业年金知之甚少，或者是只知其名不知其事甚至从未听说。在这样的认知下，何谈职工作为最终受益人在企业年金基金的运营过程中主动地发挥作用。由于职工的理财观念、素质水平等受到其所在企业类型以及地区环境的影响，使得很多职工对未来养老保障缺乏长远投资的观念，故而参与企业年金的积极性不高。对企业而言，特别是负责企业年金计划的高层管理人员，其对企业年金的认识可能有巨大的偏差，对企业年金所产生的经济和社会效应的认识还不足，现实中由人力资源部兼管，其具备的专业企业年金管理能力存在重大的欠缺（魏薇，2010），例如，不能正确地利用国家的税收优惠政策，不具备相应的管理企业年金基金的意识与专业能力。以上情况都会对企业年金基金的建立和投资收益造成重要的影响，所以应当加强对民众的宣传教育，使企业和职工对企业年金及其市场化的运营有正确的认识，充分认识到企业年金的好处，提高自身的能力积极参与到企业年金基金的运营中，承担起自己作为参与主体的权利和义务，确保在企业年金中应当享有的权益。

同样地，企业年金基金的运营还包括提供服务的多个主体，它们是协同运作的，这些金融机构之间由于资源共享、战略等方面在价值链上集结成联盟，为企业年金基金运营提供管理服务，追求各自的利益。只有这些主体能够协同地运营，加强内部的沟通与合作，才能降低交易的成本和风险，增加基金的运营收益，从而获得客户满意，在市场竞争中取得核心竞争力。还应当对提供企业年金基金管理的服务机构进行宣传，使其在战略思想上认识到与其他主体协同合作的重要性，通过提高各自的专业技能，建设信息沟通渠道等方式，在运营过程中充分获益。

四、企业年金与基本养老保险的协调关系

企业年金与基本养老基金和商业养老保险共同形成了我国养老保障体系的三大支柱，根据其在我国的发展历程可知，基本养老保险费用高于企业年金，但所占国内生产总值（GDP）的比重还较低，而我国面临着严重的老龄化压力，若仅仅依靠基本养老保险，将无法面对未来老龄化的冲击，在养老保险体系之外积极发展企业年金，将其建设成为第二支柱，可分散和减轻国家财政的压力。通过分析比较，基本养老保险和企业年金都具有各自的优缺点，两者是必不可少的，因此在整个国家的养老保险体系中必须要理清和认识到基本养老保险和企业年金是不矛盾而且是互补的。还需要合理地定位基本养老保险的替代率，当其过高时，增加了个人和企业的负担，反而降低参与的积极性。企业年金是重要补充，目的是为了提高退休后的生活水平，只有正确认识并且协调好基本养老保险和企业年金的关系，才能使其在整个养老保障体系中发挥提高退休后生活水平的作用，也才能更好地推动企业年金的发展。

本章小结

本章在我国企业年金运营收益协同的机理分析结果以及主体收益的博弈模型和系统协同度模型分析结果的基础上，结合我国现行的企业年金基金运营的收益协同现状，从投资管理、协同监督和外部环境的配套措施三个方面提出了保障我国企业年金基金运营收益协同的有效措施。在投资管理方面，通过借鉴发达国家的经验，提出了拓宽投资渠道以及建立风险补偿机制的措施，从而提高企业年金基金运营的整体收益。在协同监督方面，提出年金基金运营的信息披露和渠道建设的措施，从机构性监督转向基于运营流程的功能性监督，并在监督上加重处罚力度，从而约束主体在运营全过程中的不当行为。在外部环境的配套措施方面，提出了应完善与信托型运作模式相匹配的法律环境，开展多种类和多阶段的税收优惠政策，通过对职工、企业和金融服务企业进行企业年金宣传，加强其认识并树立正确的战略协同合作观念，协调好企业年金与基本养老基金的关系，从而保障企业年金的健康和规范发展。总体来说，就是以"开源节流"加配套措施的理念来保障我国现阶段的企业年金基金运营的持续和健康发展。

第七章 结论与展望

第一节 研究结论

第一，通过比较分析，说明我国企业年金是处于基本养老保险和商业养老保险两者之间的，作为基本养老保险的补充，是我国建设多元化养老体系中的第二支柱，具有自身独特的优势和特点。通过梳理企业年金的发展历程并收集整理从 2006~2020 年共 15 年的相关数据，结果表明，自 2004 年我国开始进入企业年金基金规范化市场运作阶段，我国企业年金基金正在快速地发展，速度远超 GDP 的增速，但其总量占 GDP 的比例仅为 2.21%、占就业人数的比例仅为 5.87%，与国外相比仍然很低，且远低于世界水平，还处于企业年金基金发展的初级阶段，企业年金收益率较低且不稳定。将企业年金作为养老保障的第二支柱，在我国发展路程中任重而道远，需要国家加强政策等方面的刺激和优惠，鼓励更多的企业给予职工享有企业年金，并提高企业年金基金的运营管理质量。

第二，基于整体运营的视角，结合协同理论分析得到我国企业年金基金的协同运营具有整体性、动态集结、自动恢复和反馈等特性，构建了我国企业年金基金运营协同理论框架模型。分析得出影响系统协同的影响要素包括收益来源、管理费率、投资限制、风险准备金和市场竞争性五个方面，共同影响了主体间收益分配的博弈力量，激发多个主体之间的有序结合，确定了协同方式与运动方向。研究结果表明，我国现阶段的企业年金基金运营以部分拆分为主流，全捆绑为未来发展形式的主体协同方式；在法律关系方面，我国确定采用的信托型协同模式，具有资产独立性的优点，但在实际中，还缺乏相适应的信用环境和相关配套的法律保障。

第三，分析基于信托关系下的受托人、托管人和投资管理人的主体行为，建立三方的主体收益协同模型，采用博弈论的方法和情景分析法求解得到均衡时的最优解。对模型结果从数学上进行理论推导，分析各个独立变量以及非独立变量的灵敏性；并选择和调整不同的参数产生了不同的情景，运用计算机进行定量模拟运算，研究得到各个因素发生变化对结果所产生的变化及趋势具体如下：

（1）托管人受到的惩罚系数 f_1、投资人受到的惩罚系数 f_2、受托人进行监督成功的概率 γ、投资管理人获得的超额利润 P、因寻租行为带来的受托人损失扩大系数 m，这些因素与投资管理人在均衡时发生寻租行为的概率都呈负相关，且该函数为凹函数，当以上某个因素发生变化增加相同的量时，投资管理人在均衡时发生寻租行为的概率是减少的，且减少越来越慢。

（2）受托人的监督成本 C 呈正相关，当其他条件不变、委托人的监督成本增加时，投资管理人发生寻租的概率增加。其二阶导数为零，反映的是变化率的变化程度不变，当监督成本增加相同量时，寻租概率的变化是相同的。

（3）受托人获得的租金 R 对寻租行为发生的概率影响与主体受到的处罚力度有关：

1）当 $f_1 = f_2$ 时，投资管理人在均衡时发生寻租的概率 η^* 与受托人获得的租金 R 无关；当其他条件不变、仅租金增加时，发生寻租的概率不变。

2）当 $f_1 < f_2$ 时，投资管理人在均衡时发生寻租的概率 η^* 与受托人获得的租金 R 呈正相关；当其他条件不变、仅监督成功的概率增加时，发生寻租的概率增加。其二阶导数为正，反映的是变化率的变化程度越来越快；当租金增加相同量时，寻租概率增加越来越快，说明租金对其是否发生寻租行为的影响越来越敏感。

3）当 $f_1 > f_2$ 时，投资管理人在均衡时发生寻租的概率 η^* 与受托人获得的租金 R 呈负相关；当其他条件不变、仅监督成功的概率增加时，发生寻租的概率降低。其二阶导数为正，反映的是变化率的变化程度越来越慢；当租金增加相同量时，寻租概率增加越来越慢，说明租金对其是否发生寻租行为的影响越来越不敏感。

第四，由于企业年金基金的运营是一个复杂的协同系统，可从动态发展的角度建立企业年金基金运营的收益协同二维复合型评价模型，满足企业年金基金运营的安全性和收益性两方面的综合要求，并体现多个运营主体间的共同合作。建立具有能够体现动态发展变化的协调度模型，评价该运营系统各个指标或子系统之间的协调性，说明其运行的效果；建立熵权模型来评价企业年金基金运营的有效性，具有客观性特点和优势，用于说明其运行的效率。将两者结合起来，得到基于协调度和熵权法的复合评价模型。

第五，基于协同系统复合模型的计算结果可建立二维的坐标轴，落于四个区域的具体研究结论如下：

（1）持续性的运营更为重要，即效果比效率更为重要，评价其运营综合绩效时，得出评价结果的排序为 Ⅰ > Ⅱ > Ⅳ > Ⅲ。

（2）对于评价结果进行改进的路径，原则上是先提升协调值到参考值

H^* 以上，可以加强不同功能或子系统之间的相互配合，如信息的交流和共享等来提高协调值；再提升熵权值到参考值 ($W^{\bullet}$) 以上，可通过加强某个功能或子系统自身的运行效率，如通过服务质量、培训专业能力等方法来提高效率。当然也可以同时从两个方面进行改进，使整个企业年金基金运营的综合效果得到显著的提升。

（3）对于同区域的评价结果进行比较时，基于距离正理想点 Z^+ =（1，1）越近，与离负理想点 Z^- =（0，0）越远的判断原则，用 TOPSIS 方法进行判断。在改进时，向着正理想点的位置移动，缩短与正理想点间的距离，使其整体的评价绩效更优。

第六，结合企业年金基金运营协同的定性和定量分析结果，针对我国现行的企业年金基金运营的收益协同现状，提出了具有"开源节流"概念的三个方面的措施，包括投资管理、协同监督和外部环境的配套措施。

第二节　研究创新点

本书研究特色体现在以下四个方面：

1. 构建企业年金基金运营收益理论框架模型

从全局的角度，运用系统的观点结合协同理论对影响收益的主要要素进行分析，构建企业年金基金运营的收益协同理论框架模型。国内外对企业年金基金的研究主要集中在投资策略、风险、税收和法律等方面，这些研究主要关注的是单个主体或单个环节的行为和绩效，对于整体运营过程的研究还较少。本书从运营全过程的维度，探索企业年金基金涉及各个主体间的运营过程和相互关系，以参与主体最为关注的收益问题，融合协同理论，从价值的角度研究参与主体之间的行为和协同运作模式，构建具有动态性、系统性和结构性特点的企业年金运营协同收益理论框架模型。

2. 构建多主体协同模型并进行灵敏性分析

以全过程中的多主体作为研究对象，融合博弈理论，分析多个利益主体在运营过程中的行为，构建企业年金基金运营的多主体协同模型。突破了传统研究中主要针对两个主体建立定量模型的设计，并建立监管成本与监管成功概率在一定范围内的相关函数，对模型进行改进，求最优解。对变量进行灵敏性分析，采用数学理论推导结合情景分析的方法，选择和调整不同的参数从而产生不同的情景，并运用计算机进行定量模拟，分析因素发生变化对结果产生的影响及变化趋势，在此基础上为多主体和多层次结构的企业年金基金运营协同发展提供优化和改进建议。

3. 构建多目标的运营收益协同复合模型

能够满足企业年金基金运营的复杂系统评价的多目标要求，结合系统协同度与熵权的方法构建企业年金基金运营协同的二维复合评价模型，其具有动态性、结构性和客观性。现有研究主要是对投资管理人的绩效进行考核，未能考虑到其他主体对整体的影响作用。考虑到企业年金基金运营是一个动态的发展过程，更是多个主体间相互联系、不断变化所形成的具有多个子系统或功能模块的复杂系统，运用协调度与熵权法相结合的方法，构建评价运营系统效果和效率的复合模型，能够在一定程度上反映实际中所提出的安全性和收益性的双重目标要求。将评价结果用二维坐标轴表示，并提出有依据的改进路径和有效建议。

4. 结合 2011 年新规分析收益，运用定量模拟进行数据分析

运用现行的 2011 年颁布的《企业年金基金管理办法》，分析我国现阶段

的企业年金基金运营收益协同过程。并以此分析模型参数的取值和可能产生的变化，应用计算机模拟计算模型结果，进行因素的灵敏性分析。

以往研究都是基于已废止的 2004 年的《企业年金基金试行管理办法》和《企业年金试行办法》，不再适用于当前的发展情况。而 2011 年颁布的新规在投资比例、参与主体资格和行为、交易费用等方面进行了重大调整，以此进行的分析和测算更具有说服力、符合现阶段我国企业年金基金运营的协同状况。在数据应用上收集到的 2006~2012 年的相关数据，能够分析我国近期的企业年金基金发展现状，并用定量模拟的方法，在不改变参数变化及其变化趋势的情况下，克服我国企业年金发展时间短、信息披露少、运营全过程数据采集的困难，使模型分析更具说服力。

第三节　研究展望

本书研究的是一般情况下企业年金基金的收益协同问题，而特殊情况下的收益问题也是不可忽视的，如整个金融市场受到冲击、国家政策发生重大改革、参与主体发生重大违规行为或破产等突发状况，由于运营环境发生重大变化，使企业年金基金运营结构或功能发生重大调整，致使主体间的收益发生变化。面临这些突发性事件等特殊情况，原有的运营和分配机制都可能不再适用，需要新的理论和思路进行研究。

本书所建立的主体协同模型是基于信托关系的，主要是针对受托人、托管人和投资管理人，弱化了其他参与者的作用，而在实际中，委托人和受托人之间的信托关系是否能够真正地体现，以及账户管理人、外部监督机构、第三方服务机构的作用都在不断变化，未来的研究可以增加更多的主体数量，分析它们之间更为复杂的相互影响关系。

由于我国企业年金基金较为规范的市场化运作是从 2005 年开始的，其发展的时间还很短，且参与企业年金基金运营的金融主体较多，国家在信息披露等方面的设置还不充分，因此造成了在行业数据和单个案例数据采集的困难，同时对企业年金基金运营协同的研究还在探讨阶段，对于其系统内部各个结构或主体的评价指标还未建立。本书主要采用调整参数设定不同情景的方法来分析影响因素的变化趋势，未来可以通过数据的采集，用实际数据测算主体间的博弈结果，并对具体的案例进行论证分析。

附 录 一

2005 年第一批 37 家企业年金基金管理机构名单

投资管理人 (15家)	受托人 (5家)	托管人 (6家)	账户管理人 (11家)
基金管理公司 (9家)	保险公司 (2家)	银行 (6家)	保险公司 (4家)
南方基金管理有限公司	太平养老保险公司	中国工商银行	中国人寿保险股份有限公司
博时基金管理有限公司	平安养老保险公司	中国银行	泰康人寿保险股份有限公司
华夏基金管理有限公司	信托投资公司 (3家)	中国建设银行	新华人寿保险股份有限公司
嘉实基金管理有限公司	中信信托投资有限公司	交通银行	太平洋人寿保险股份有限公司
富国基金管理有限公司	中诚信托投资有限公司	招商银行	银行 (5家)
易方达基金管理有限公司	华宝信托投资有限公司	中国光大银行	中国工商银行
银华基金管理有限公司			交通银行股份有限公司
招商基金管理有限公司			上海浦东发展银行
海富通基金管理有限公司			招商银行股份有限公司
保险公司 (4家)			中国光大银行
中国人寿保险 资产管理公司			信托公司 (2家)
华泰保险资产管理公司			中信信托投资有限责任公司
太平养老保险有限公司			华宝信托投资有限责任公司
平安养老保险公司			
证券公司 (2家)			
中信证券股份有限公司			
中国国际金融有限公司			

附 录 二

2007 年第二批 24 家企业年金基金管理机构名单

投资管理人（6家）	受托人（7家）	托管人（4家）	账户管理人（7家）
基金管理公司（4家）	**银行（3家）**	**银行（4家）**	**保险公司（4家）**
国泰基金管理有限公司	中国建设银行股份有限公司	中信银行股份有限公司	中国人寿养老保险
工银瑞信基金管理有限公司	中国工商银行股份有限公司	上海浦东发展股份有限公司	泰康养老保险股份有限公司
广发基金管理有限公司	招商银行股份有限公司	中国农业银行	平安养老保险股份有限公司
泰康资产管理有限责任公司	**信托投资公司（1家）**	中国民生银行股份有限公司	长江养老保险股份有限公司
保险公司（2家）	上海国际信托有限公司		**银行（3家）**
中国人保资产管理股份有限公司	**保险公司（3家）**		中国建设银行
长江养老保险股份有限公司	长江养老保险股份有限公司		中国民生银行
	中国人寿养老保险股份有限公司		中国银行
	泰康养老保险股份有限公司		

参考文献

［1］Holzmann R, Orenstein M A. Pension Reform in Europe: Process and Progress ［M］. World Bank Publications, 2003.

［2］Owen B. The Regulation Game: Strategic Uses of the Administrative Process ［M］. Ballinger, 1978: 98-106.

［3］Feldstein M, Seligman S. Pension Funding, Share Prices, and National Savings ［J］. The Journal of Finance, 1981, 36 (4): 801-824.

［4］仲艳平. 信守诺言——美国养老社会保险制度改革思路 ［J］. 劳动保障通讯, 2003 (2): 24.

［5］Tepper I. Taxation and Corporate Pension Policy ［J］. The Journal of Finance, 1981, 36 (1): 1-13.

［6］Lazear E P. Firm-Specific Human Capital: A Skill-weights Approach ［R］. National Bureau of Economic Research, 2003.

［7］Lazear E P. Salaries and Piece Rates ［J］. Journal of Business, 1986 (1): 405-431.

［8］Lazear E P. Performance Pay and Productivity ［R］. National Bureau of Economic Research, 1996.

［9］Surrey S S. Pathways to Tax Reform: The Concept of Tax Expenditures

[M]. Harvard University Press, 1973.

[10] Dilnot A W, Johnson P. The Taxation of Private Pensions [M]. Institute for Fiscal Studies, 1993.

[11] Knox D M. The Taxation Support of Occupational Pensions: A Long-Term View [J]. Fiscal Studies, 1990, 11 (4): 29-43.

[12] Reinhardt W P, Clark C W. Soliton Dynamics in the Collisions of Bose-Einstein Condensates: An Analogue of the Josephson Effect [J]. Journal of Physics B: Atomic, Molecular and Optical Physics, 1997, 30 (22): 785.

[13] Dilnot A W, Johnson P. Tax Expenditures: The Case of Occupational Pensions [J]. Fiscal Studies, 1993, 14 (1): 42-56.

[14] Allen Jr E, Melone J, Rosenbloom J, et al. Retirement Plans: 401 (K) S, IRAs and Other Deferred Compensation Approaches [M]. Mcgraw-Hill Higher Education, 2013.

[15] Mitchell O S, Andrews E S. Scale Economies in Private Multi-employer Pension Systems [J]. Ilr Review, 1981, 34 (4): 522-530.

[16] Logue D E, Rader J S. Managing Pension Plans: A Comprehensive Guide to Improving Plan Performance [J]. Journal of Risk & Insurconce, 2001, 68 (4): 713-715.

[17] Logue D E, Rader J S. Managing Pension Plans [M]. Harvard Business School Press, 1998.

[18] Jones C P. Investments: Analysis and Management [M]. John Wiley & Sons, 2007.

[19] Macavoy P W, Millstein I M. The Active Board of Directors and its Effect on the Performance of the Large Publicly Traded Corporation [J]. Journal of

Applied Corporate Finance, 1999, 11 (4): 8-20.

[20] Hart O, Moore J. A Theory of Corporate Financial Structure Based on the Seniority of Claims [R]. National Bureau of Economic Research, 1990.

[21] Lachance M E, Mitchell O S. Understanding Individual Account Guarantees [R]. National Bureau of Economic Research, 2002.

[22] Feldstein M S, Ranguelova E. The Economics of Bequests in Pensions and Social Security [M]. University of Chicago Press, 2002: 371-400.

[23] Pennacchi G G. Government Guarantees on Pension Fund Returns [M]. Social Protection, Human Development Network, World Bank, 1998.

[24] Muralidhar A S. Innovations in Pension Fund Management [M]. Stanford University Press, 2001.

[25] Fisher B. The Tax Consequences of Long Run Pension Policy [J]. Financial Analysts Journal, 1980 (6): 25-31.

[26] Irwin T. Taxation and Corporate Pension Policy [J]. Journal of Finance, 1981 (3): 1-13.

[27] Brunner J K, Pech S. Adverse Selection in the Annuity Market When Payoffs Vary over the Time of Retirement [J]. Journal of Institutional and Theoretical Economics Jite, 2005, 161 (1): 155-183.

[28] Brunner J K, Pech S. Adverse Selection in the Annuity Market with Sequential and Simultaneous Insurance Demand [J]. The Geneva Risk and Insurance Review, 2006, 31 (2): 111-146.

[29] Pelsser A. Pricing and Hedging Guaranteed Annuity Options Via Static Option Replication [J]. Insurance: Mathematics and Economics, 2003, 33 (2): 283-296.

[30] Biffis E. Affine Processes in Mortality Modelling: An Actuarial Application [C]. Proceedings of the 6th Italian Spanish Meeting on Financial Mathematics, 2003.

[31] Chu C C, Kwok Y K. Valuation of Guaranteed Annuity Options in Affine Term Structure Models [J]. International Journal of Theoretical and Applied Finance, 2007, 10 (2): 363-387.

[32] Wong H Y, Kwok Y K. Multi-Asset Barrier Options and Occupation Time Derivatives [J]. Applied Mathematical Finance, 2003, 10 (3): 245-266.

[33] Dai M, Kwok Y K, Wu L. Optimal Shouting Policies of Options with Strike Reset Right [J]. Mathematical Finance, 2004, 14 (3): 383-401.

[34] Aase K K, Persson S A. Pricing of Unit-linked Life Insurance Policies [J]. Scandinavian Actuarial Journal, 1994 (1): 26-52.

[35] Boyle P P, Hardy M R. Reserving for Maturity Guarantees: Two Approaches [J]. Insurance: Mathematics and Economics, 1997, 21 (2): 113-127.

[36] Bacinello A R, Persson S A. Design and Pricing of Equity-Linked Life Insurance under Stochastic Interest Rates [J]. Journal of Risk Finance, 2002, 3 (2): 6-21.

[37] Ballotta L, Haberman S. Valuation of Guaranteed Annuity Conversion Options [J]. Insurance: Mathematics and Economics, 2003, 33 (1): 87-108.

[38] Ballotta L, Haberman S. The Fair Valuation Problem of Guaranteed Annuity Options: The Stochastic Mortality Environment Case [J]. Insurance: Mathematics and Economics, 2006, 38 (1): 195-214.

[39] Sitgler G J. The Theory of Economic Regulation [J]. The Bell Journal of Economics and Management Science, 1971, 2 (1): 3-9.

［40］ Davis E P. Debt, Financial Fragility, and Systemic Risk ［M］. Oup Catalogue, 1995.

［41］ Arthur W B. Complexity in Economic and Financial Markets: Behind the Physical Institutions and Technologies of the Marketplace Lie the Beliefs and Expectations of Real Human Beings ［J］. Complexity, 1995, 1 (1): 20-25.

［42］ Spiering R. Reflection on the Regulation of Financial Intermediaries ［J］. Kyklos, 1990 (43): 91-109.

［43］ Ansoof H I. Corporate Strategy ［M］. Sidgwick & Jackson, 1986.

［44］ Hiroyuk Iltami. Mobilizing Invisible Assets ［M］. Harvard University Press, 1991.

［45］ Buzzell R D, Gale B T. The PIMS Principles: Linking Strategy to Performance ［M］. Free Press, 1987.

［46］ Shannon C E. A Mathematical Theory of Communication ［J］. Bell System Technical Journal, 1948, 27 (3): 379-423.

［47］ Maqueen J, Marschak J. Partial Knowledge Entropy and Estimation ［J］. Statistics, 1975, 72 (10): 3819-3824.

［48］ 黄素庵. 西欧"福利国家"面面观 ［M］. 北京: 世界知识出版社, 1985.

［49］ 赵立人. 各国社会保险与福利 ［M］. 成都: 四川人民出版社, 1992.

［50］ 朱传一. 美国社会保障制度 ［M］. 北京: 劳动人事出版社, 1986.

［51］ 朱传一. 苏联东欧社会保障制度 ［M］. 北京: 华夏出版社, 1991.

［52］ 林羿. 美国企业养老金概述 ［J］. 社会保障问题研究, 2003 (1): 481-498.

［53］ 林羿. 美国的私有退休金制度 ［M］. 北京: 北京出版社, 2002.

［54］崔少敏．补充养老保险——原理、运用与管理［M］．北京：中国劳动社会保障出版社，2003.

［55］邓大松，刘昌平．中国企业年金制度研究［M］．北京：人民出版社，2004：50-56.

［56］王贞琼．中外企业年金制度的比较及启示［J］．江汉论坛，2004（5）：44-46.

［57］林毓铭．美日企业年金制度解读与我国企业年金制度的完善［J］．江西财经大学学报，2003（4）：25-29.

［58］吕江林，祝献忠，寇达奇等．完善制度建设——加快我国企业年金发展［J］．财贸经济，2008（3）：34-39.

［59］韩林芝．从人力资源管理层面完善企业年金制度［J］．企业经济，2007（11）：55-57.

［60］朱青．国外企业年金计划的税收制度及启示［J］．涉外税务，2003（8）：46-50.

［61］朱青．养老金制度的经济分析与运作分析［M］．北京：中国人民大学出版社，2002.

［62］李旭红，贾浩波，郭雪剑等．从公平角度看中外企业年金税收优惠［J］．涉外税务，2004（2）：41-45.

［63］邓大松，吴小武．论税收政策目标与企业年金税收政策手段的现实选择［J］．当代财经，2006（7）：50-53.

［64］杜建华．浅析我国税收制度对国民储蓄倾向的影响［J］．税务与经济，2005（3）：19-21.

［65］杜建华．激励约束双重缺失下企业年金税收体系的构建［J］．上海金融，2010（4）：35-38.

［66］张勇．企业年金税收优惠政策的成本：一个文献综述［J］．税务与经济，2006（6）：96-99.

［67］张勇．基于消费行为的养老保险征税模式研究［J］．消费经济，2006，22（3）：15-18.

［68］朱铭来，陈佳．中国企业年金税收优惠政策的比较与选择［J］．当代财经，2007（4）：29-34.

［69］郭席四．我国企业年金制度的税收优惠问题研究［J］．上海经济研究，2005（9）：36-44.

［70］李雪霜，张上书．中国企业年金计划的税惠模式选择［J］．生产力研究，2007（23）：66-68.

［71］金华，孙开，赵颖等．企业年金课税模式的权衡与选择［J］．商业研究，2010（8）：99-103.

［72］王雅萱．我国企业年金税惠模式探索［J］．现代商业，2011（8）：131，130.

［73］杨胜利．新形势下我国企业年金税惠问题思考［J］．西南民族大学学报（人文社会科学版），2008，29（5）：174-177.

［74］郭席四．加快我国企业年金发展亟待解决的问题［J］．湖北经济学院学报，2005，3（3）：76-80.

［75］张勇，王美今．中国企业年金税收优惠政策的成本研究——我国企业年金税收支出的精算统计分析［J］．统计研究，2004（8）：40-45.

［76］张勇．中国养老保险制度的再分配效应研究［J］．财经论丛，2010（4）：59-66.

［77］游桂云，张蕾，赵智慧等．微观视角的企业年金税收优惠经济成本精算分析［J］．经济与管理研究，2011（11）：121-128.

［78］张蕾. 我国企业年金税收优惠经济成本的精算分析［D］. 中国海洋大学，2011.

［79］谌明超，贺思辉，钱林义等. 中国企业年金税收优惠政策建模及分析［J］. 统计与信息论坛，2009，24（11）：66-71.

［80］吴忠，张鹏，韩琳等. 基于特定目标替代率的企业年金税收优惠政策成本与收益测算［J］. 上海工程技术大学学报，2011，25（1）：87-92.

［81］李天成. 基于委托代理理论的企业年金运营研究［J］. 天津理工大学学报，2005，21（4）：86-88.

［82］巴曙松，陈华良. 基于风险的企业年金监管框架的构建［J］. 海南金融，2009（1）：6-10.

［83］林义等. 企业年金的理论与政策研究［M］. 成都：西南财经大学出版社，2006：196-201.

［84］陈华良. 补偿基金制度：企业年金安全最后防线［J］. 中国社会保障，2005（6）：63-64.

［85］杨义灿. 我国企业年金投资管理中委托代理关系研究［J］. 现代管理科学，2006（8）：26-28.

［86］吴庆田. 企业年金基金投资管理人的激励机制优化——基于多任务委托代理模型的研究［J］. 财经理论与实践，2010（1）：40-44.

［87］李珍，刘子兰. 我国养老基金多元化投资问题研究［J］. 中国软科学，2001（10）：4-8.

［88］田昆. 中国企业年金委托投资的模拟实证与分析——投资组合有效前沿理论的应用［J］. 贵州财经学院学报，2003（3）：21-26.

［89］柳清瑞. 养老基金投资的不确定性与投资组合分析［J］. 人口学刊，2005（1）：17-21.

［90］李红刚，刘子兰. 企业年金基金委托投资效率的模拟实证分析
［J］. 上海立信会计学院学报，2005（6）：47-53.

［91］黄文清. 企业年金收益率和管理费率分析［J］. 中国社会保障，
2004（12）：60-62.

［92］李曜. 企业年金基金投资：基于理论模型和实践经验的研究［J］.
商业经济与管理，2007（1）：46-51.

［93］李曜. 年金基金的投资组合：理论、模型与实践［J］. 证券市场导
报，2006（6）：12.

［94］周光霞. 企业年金基金投资绩效评价研究——基于资产负债匹配
原则［J］. 中国外资，2009（12）：135-136.

［95］李晶. Black-Litterman 模型及其在我国企业年金资产配置中的应用
［D］. 中国人民大学，2009.

［96］贡峻，陈磊. 平衡计分卡在企业年金绩效评价中的应用［J］. 金融
发展研究，2010（4）：75-79.

［97］吕惠娟，王亚柯，张冀等. 中国养老基金市场化管理：投资决策、
组合和绩效［J］. 学术界，2013（1）：195-204.

［98］张勇，陈耕云. 中国基础养老金的支付能力研究［J］. 财经论丛，
2008（4）：63-69.

［99］张勇. 中国个人账户的支付能力研究［J］. 数量经济技术经济研
究，2007，24（7）：126-134.

［100］郭席四，陈伟诚. 分账制下基本养老保险个人账户基金投资研究
［J］. 中国软科学，2005（10）：58-65.

［101］章伟，何勇. 企业年金投资风险的识别与管理［J］. 统计与决策，
2006（8）：61.

[102] 韩永江. 论企业年金投资风险的控制 [J]. 管理现代化, 2006 (6)：28-31.

[103] 游桂云. 我国养老保险制度中的逆向选择问题探讨 [J]. 中国海洋大学学报 (社会科学版), 2004 (1)：51-54.

[104] 吴虹颖, 罗志艳. 基于人力资源管理视角剖析企业年金基金报表 [J]. 财会月刊, 2007 (7)：17-18.

[105] 王英霞. 基于 GARCH 模型的企业年金投资风险计量 [D]. 辽宁工程技术大学, 2011.

[106] 陈诚, 韩晓峰. 我国企业年金基金投资风险及控制策略研究——基于均值—VAR 模型 [J]. 保险职业学院学报, 2011, 25 (3)：28-33.

[107] 庄新田, 姜硕, 朱俊等. 基于均值—CVaR 模型的企业年金资产配置 [J]. 管理学报, 2009, 6 (11)：1518-1521.

[108] 高铭阳. 基于 CDaR 模型的企业年金资产配置 [J]. 中国证券期货, 2012 (10)：230.

[109] 郭辰, 施秋圆, 郭梦云等. 优化企业年金资产配置——基于均值—CVaR 模型 [J]. 现代商业, 2013 (9)：76-78.

[110] 刘钧. 美国企业年金计划的运作及其对我国的启示 [J]. 中央财经大学学报, 2002 (9)：67-71.

[111] 刘钧, 齐伟. 世界各国社会保障的对比分析和启示 [J]. 山东财政学院学报, 2003 (1)：39-42.

[112] 张传良. 企业年金运作的中国式困境及路径安排 [J]. 河南金融管理干部学院学报, 2007, 25 (6)：111-114.

[113] 张传良. 中国企业年金运作存在的问题及对策 [J]. 学习论坛, 2008, 24 (4)：34-36.

[114] 班俊华，陈媛．浅谈企业年金投资运作中存在的法律问题及对策 [J]．法制与社会，2010（35）：102-103.

[115] 马晓佳．企业年金投资运作中存在的问题和对策研究 [J]．现代经济信息，2010（3）：40-41.

[116] 李坤．我国企业年金投资运作的现状与完善 [J]．科学时代，2013（14）：3.

[117] 刘钧．我国社会保障制度改革的两难困境和选择 [J]．财经问题研究，2005（1）：16-19.

[118] 陈春艳，黄顺祥．企业年金运作：国际经验及我国选择 [J]．生产力研究，2005（7）：119-123.

[119] 蔡永刚．企业年金的运作模式研究 [J]．法制与社会，2008（36）：268.

[120] 佚名．企业年金集合运作模式分析 [J]．上海国资，2009（6）：89-92.

[121] 陈玲．中外企业年金运作模式及管理成本比较研究 [D]．山东大学，2012.

[122] 万琼．我国企业年金运作模式和绩效评估研究 [D]．中南大学，2009.

[123] 严明婕．从我国《信托法》看企业年金理事会的权利义务 [J]．企业经济，2008（6）：182-185.

[124] 黄文静．论我国企业年金信托受托人法律制度 [D]．西北大学，2009.

[125] 吴静．我国企业年金信托制度思考 [J]．合作经济与科技，2008（12）：38-39.

[126] 黄诚，王殿斌．我国企业年金信托制度分析 [J]．商业时代，2007（36）：64-66.

[127] 张欣．引入独立托管人制度　完善信托破产隔离职能 [J]．上海金融，2004（2）：47-48.

[128] 张学锋．我国企业年金信托法律制度研究 [D]．复旦大学，2008.

[129] 任萧雨．提高企业年金运营管理效率的策略探讨 [J]．时代金融，2013（5）：219-220.

[130] 姜蕾．中国企业年金发展研究 [D]．辽宁大学，2007.

[131] 刘润芳．关于企业年金方案的探索 [J]．财会通讯，2005（7）：31-32.

[132] 柯建．加快发展企业年金 [J]．经营管理者，2006（7）：5-8.

[133] 童文胜．企业年金制度的理论分析与探讨 [J]．江汉论坛，2006（12）：24-26.

[134] 索寒雪．养老金改革方案最早年底公布：逐步缩小双轨差距 [EB/OL]．[2013-09-14]．Http：//Finance. Ifeng. Com/A/20130914/10682706_ 0. Shtml.

[135] 鹿峰．企业年金的最优设计 [D]．西北大学，2008.

[136] 梁英．我国企业年金管理的研究 [D]．吉林大学，2007.

[137] H. 哈肯．协同学：大自然构成的奥秘 [M]．凌复华译．上海译文出版社，1995.

[138] 杨岩．港口物流与临港工业协同发展研究 [D]．武汉理工大学，2009.

[139] 王维国．协调发展的理论与方法研究 [D]．东北财经大学，1998.

[140] 刘友金，杨继平．集群中企业协同竞争创新行为博弈分析 [J]．

系统工程，2002，20（6）：22-26.

[141] 汪琳．企业年金基金的运营风险及防范 [J]．煤炭经济研究，2007（12）：56-57.

[142] 郭炳利．企业年金基金管理运营模式研究 [J]．经济纵横，2011（6）：106-109.

[143] 郭磊，苏涛永．企业年金市场进入规制的质量效应和数量效应 [J]．预测，2012，31（1）：44-48.

[144] 邓大松，刘昌平．中国企业年金基金治理研究 [J]．公共管理学报，2004，1（3）：4-9.

[145] 闫艳明，王涛．金融企业集团拓展企业年金业务模式研究 [J]．上海金融，2006（3）：20.

[146] 郭磊．企业年金市场进入规制研究 [J]．保险研究，2009（10）：32-37.

[147] 崔晓霜．我国企业年金运营模式研究 [D]．山东大学，2011.

[148] 何文娟．我国企业年金信托法律制度研究 [D]．西南财经大学，2007.

[149] 林义等．企业年金的理论与政策研究 [M]．成都：西南财经大学出版社，2006.

[150] 刘春华．信托制度在我国存在的必要性及发展前景 [J]．金融与经济，2000（8）：29-30.

[151] 哈斯其其格．我国企业年金运营模式选择的反思 [J]．内蒙古师范大学学报（哲学社会科学版），2010，39（2）：94-97.

[152] 潘莉．企业年金的制度演进、运作模式及其在我国的发展 [J]．广东社会科学，2004（5）：45-49.

[153] 俞传保.企业年金制度的建立与运作模式探讨 [J].治淮，2011
(6)：46-47.

[154] 刘洁.我国企业年金运作模式的优化选择 [D].复旦大学，2008.

[155] 何伟，汤剑.企业年金运营过程中的道德风险及其防范 [J].兰
州学刊，2006 (10)：138-141.

[156] 路锦非.多方博弈下企业年金运营主体寻租行为研究 [J].商业
时代，2009 (13)：54-55.

[157] 曾忠禄，张冬梅.不确定环境下解读未来的方法：情景分析法
[J].情报杂志，2005，24 (5)：14-16.

[158] 王建平，苏保林，贾海峰等.密云水库及其流域营养物集成模拟
的情景分析研究 [J].环境科学，2006，27 (8)：1544-1548.

[159] 娄伟，李萌.情景分析法在能源规划研究中的应用 [J].中国电
力，2012，45 (10)：17-21.

[160] 王西星，任佩瑜.一种新的绩效评价方法：管理熵评价模型 [J].
现代管理科学，2009 (6)：100-102.

[161] 尹凡，何鑫，王立栋等.基于协调度与熵权法的绩效评价新方法
[J].中国环境管理干部学院学报，2011，21 (1)：75-79.

[162] 徐浩鸣.深圳区域中心城市非线性经济系统协同度模型及实证分
析 [J].中国科技产业，2013 (5)：59-66.

[163] 李煜，赵涛.复杂系统协调度评价模型研究 [J].中国农机化，
2008 (6)：44-46.

[164] 邱宛华.管理决策与应用熵学 [M].北京：机械工业出版社，
2002：193-196.

[165] 王德禄.基于信息熵理论的网络组织结构分析 [J].现代管理科

学，2007（1）：65-66.

[166] 徐玖平，吴巍. 多属性决策的理论与方法 [M]. 北京：清华大学出版社，2006.

[167] 陈久立. 我国企业年金投资管理研究 [J]. 商场现代化，2012（21）：119-120.

[168] 李杰. 发展我国企业年金的障碍与对策 [J]. 内蒙古财经学院学报，2005（5）：33-37.

[169] 卫健. 鼓励我国企业年金发展的税收政策研究 [D]. 东北财经大学，2007.

[170] 魏薇. 企业年金制度发展困境及建议 [J]. 中国新技术新产品，2010（15）：221.